为什么你的钱包总是空的

[韩]申寅澈◎著　千太阳◎译

新世界出版社
NEW WORLD PRESS

图书在版编目（CIP）数据

为什么你的钱包总是空的 / (韩) 申寅澈著；千太阳译. --北京：新世界出版社，2016.10
ISBN 978-7-5104-5604-6

Ⅰ. ①为… Ⅱ. ①申… ②千… Ⅲ. ①私人投资—基本知识 Ⅳ. ①F830.59

中国版本图书馆CIP数据核字（2016）第033239号

为什么你的钱包总是空的

作　　者：[韩]申寅澈 著　千太阳 译
责任编辑：张晓翠
责任校对：宣　慧
责任印制：李一鸣　黄厚清
出版发行：新世界出版社
社　　址：北京市西城区百万庄大街24号（100037）
发 行 部：（010）6899 5968　（010）6899 8705（传真）
总 编 室：（010）6899 5424　（010）6832 6679（传真）
http://www.nwp.cn
http://www.nwp.com.cn
版 权 部：+8610 6899 6306
版权部电子信箱：nwpcd@sina.com
印　　刷：北京美图印务有限公司
经　　销：新华书店
开　　本：880×1230　1/32
字　　数：140千字　印张：7.5
版　　次：2016年10月第1版　2016年10月第1次印刷
书　　号：ISBN 978-7-5104-5604-6
定　　价：32.80元

序

钱包工厂

在这条古老的街上，如果你想问“钱包工厂”的地址，不用报出详细的名称，只要说出“钱包工厂”这四个字，当地人就会立即带着和蔼的微笑，亲切而略有些自豪地告诉你这家鼎鼎大名的钱包工厂的具体位置。

钱包工厂在这个地方经营了50多年，俨然已经是该地区的荣耀。

这里的钱包，都是选用未满1周岁的小羊和小牛犊的皮制作而成的。其中，小羊皮的来源地是厂主的故乡——意大利中部的托斯卡纳，小牛犊则来源于塔兰托。钱包工厂的经营模式是客户先预订，然后工厂再生产制作，如此“大牌”的态度反而让它的生意越做越大。

从很久以前开始，这里生产出来的钱包就是华盛顿名门望族的必备物品之一。不仅附近的乔治·华盛顿大学的老教授、华盛顿政界严肃的政客和狡黠的说客们都钟爱这里的钱包，就连纽约、洛杉矶等城市的政界、商界人士，也会利用参加会议时路过华盛顿的机会，提前几个星期预订这里的钱包，再在回程时亲自取走。

50年来，在杜邦广场——这个培养着美国政界明日之星的大学生据点——的偏僻一角，钱包工厂一直默默守护着这个地区的另外一道荣耀光环——优质钱包制作厂的名声，以及那经典技艺的传承与发扬。

在钱包工厂里，住着我们的两位主人公：罗伯特和保罗，以及他们的老师、这家工厂的女主人——钱包夫人。

罗伯特是个吊儿郎当、颇以自我为中心的年轻人，他比保罗晚几个月进入钱包工厂，也就是说，在钱包工厂里，他的资历比保罗略浅一些。不过，由于他有着非常高超的技艺，因此在工厂里还是很得意的。他们家是从意大利北部移民到纽约的富有阶层，原先就是佛罗伦萨有名的皮革工匠家族。大学毕业后，罗伯特为了延续家族传统，主动来到了钱包工厂。

但罗伯特刚进钱包工厂时的样子，实在是令人不敢恭维——

像摇滚歌星一样的长发和左耳上的耳洞，“快被撕烂”的牛仔裤，随意披在身上的“肮脏”衬衫。思想传统的钱包夫人起初还犹豫过，是否让这么“个性”和“新潮”的他加入这家与他的气质格格不入的钱包工厂。但经过几天的观察，钱包夫人发现罗伯特在钱包制作方面有着很好的天赋，而且也继承了祖传的手艺和手感，因此就接纳了他，让他正式成为钱包工厂的一员。

罗伯特的性格虽然有些我行我素，也偶尔有点儿荒唐，但他没啥坏心眼，还是一个本性善良的孩子。年轻人嘛，爱喝酒爱玩是难免的，如果一定要说他存在什么问题，那就是花钱太没有节制。这也许跟他出生在比较富有的家庭有关，以前大手大脚的日子过惯了，现在出来工作也改不了这毛病。每个月一领到薪水，他就恨不得立即花得精光，根本就存不下一分钱。

而保罗正好与他相反。

刚开始进入钱包工厂的时候，保罗的手艺只能说是普普通通，但他凭着诚实的性格和不懈的努力，现在已经是华盛顿——不，甚至在全美国都可以说是顶尖的皮革工艺师。然而，他的家族现在还在贫穷的意大利南部生活，每次领到薪水后，他都只给自己留一点儿有限的生活费用，其余的全都寄回家里。

因此，这两个人性格不同、出身不同，甚至连花钱习惯都完全相反，却有一个共同点，那就是——都不是有钱人。

“罗伯特！罗伯特！”

一大早，钱包工厂里就传来了钱包夫人响亮的喊叫声。

现在已经是上班时间了，可被呼唤的罗伯特，仿佛消失了一样，没有发出任何回应声。

“他呀，还能去哪儿！估计又窝在哪个角落睡懒觉呢。”

保罗从保管箱拿出今天要使用的原材料，看着急得直跺脚的女主人，忍不住提醒她。

钱包夫人听到以后，赶忙朝二楼跑去。那有着数十年历史的木梯，在她沉重的脚步下发出吱吱呀呀的声响。

“罗伯特！我知道你在这里，还不赶快出来？”

钱包夫人——弗朗西斯科·普罗迪身材矮胖，但看起来显得很年轻，一点不像是个七十高龄的老太太。这家有着光荣历史和传统的钱包工厂的女主人，被客人们亲切地称为“钱包夫人”。不过岁月不饶人，她爬起阶梯来还是显得有些吃力。

保罗说得没错。果不其然，一打开二层仓库的门，她就闻到了刺鼻的酒精味。这里是放置各种处理皮革的工具的地方，此时却充斥着震耳欲聋的鼾声。保罗猜对了，罗伯特果然就躲在这里。

“罗伯特！昨天晚上你究竟喝了多少酒？竟然睡到现在！”

钱包夫人走进仓库，抬起穿着皮鞋的脚，狠狠地踹在地上青年的屁股上。从昨天晚上一直喝酒到凌晨的罗伯特当然不会这么容易就醒过来，他依旧鼾声如雷地躺在原地睡大觉。

钱包夫人无语地瞪了罗伯特一眼，随即想到了一个好办法。她转身从隔板上找出工作时用的染料，在依旧做着白日梦的罗伯特的鼻子上轻轻倒了几滴。天哪，虽说这种染料有着异常刺鼻的味道，凡是闻到的人无不被呛得难受至极，但用它来叫醒怠工者罗伯特，她还着实有点儿心疼，真是大材小用。

果然，这染料的厉害任谁也挡不住，睡得人事不省的罗伯特很快就打着喷嚏坐了起来，眼睛都还没完全睁开，就气急败坏地叫道：

“阿嚏！钱包夫人，你在我鼻子上滴了什么东西啊？真要命！阿嚏！阿嚏！”

“你小子还不给我快点儿起来！订单都堆得那么高了，你竟然还敢在这里睡到现在？”

“阿嚏！”

虽然钱包夫人在等罗伯特自己爬起来，但罗伯特却丝毫没有准备站起来去工作的迹象，只是因为鼻子不舒服而连续打喷嚏才坐了起来，而且他仍然耷拉着眼皮，明显还没有从睡梦中彻底清醒过来。

“罗伯特！好啊，你好像还没有完全清醒是吗？是不是非要我直接把染料倒在你脸上才肯爬起来？！”

看来仅靠口头上的威胁起不到作用，直到钱包夫人怒气冲冲地拿起隔板上的染料桶站到旁边，罗伯特才硬撑着站起来，揉着眼睛，强迫自己克服睡魔的引诱，勉强进入上班状态。

“行了，行了，您就不要再催我了。这喷嚏怎么就停不下来……阿嚏！”

罗伯特连续打着喷嚏，绕过拿着染料桶的钱包夫人，懒洋洋地走到了楼梯口。

一楼的保罗正在做着工作前的准备，面前整齐地摆放着待会儿要用到的工作用皮。看到罗伯特从二楼踉踉跄跄地走了下来，他用幸灾乐祸的语气打了个招呼：

“嗨，刚起来啊，懒鬼？怎么样，要继续喝昨晚通宵没喝完的酒吗？”

罗伯特不服输地回了一句：

“你还是和往常一样在认真工作呢，穷鬼？不过就算你再认真，做出来的钱包也还是那么丑陋，真怕你砸了钱包工厂的招牌啊！”

保罗狠狠地瞪向罗伯特，但对方已经坐在自己的位置上，哼着歌，摆出一副完全忽视他的样子。见状，保罗只好无奈地摇着头，继续自己之前的工作。

钱包夫人缓缓地走下楼梯，对着两人说道：

“孩子们，今天你们必须要加把劲儿了。下午布兰森先生会过来取货，而在此之前，我必须把钱包的收尾工作做好。”

说完这番话，钱包夫人就从屋子里侧的保管箱中拿出用羊皮纸精心包起来的物件，在工作台上小心打开，专心地干起了自己的工作。

保罗撇撇嘴，极力赶走心中的那股不痛快，调整好状态，开始默默地刷起工作用皮。晚起的罗伯特也表现出了尽职的态度，尽管一直在打着呵欠，但还是仔细地拿起长针，认真缝合着两张皮子。

虽然有点儿吵吵闹闹，但延续了半个多世纪的钱包工厂，还是用自己独有的方式迎接着它的早晨。

一直到中午，钱包夫人、罗伯特和保罗都在认真地进行着自己的工作。

从工作态度到性格，再到对待金钱的支出，罗伯特和保罗没有一点共同之处。这样的两个人在一个地方工作，矛盾当然是不可避免的。就因为这两个斗气冤家，钱包工厂是一天都没有安宁过。

不仅如此，最近两人的关系更是明显恶化，他们之间那种绷紧到一触即发的火药味儿，就连外人也可以轻易地看出来。

钱包工厂采用的是分工合作形式，他们三个人分别负责不同的步骤，因此团队合作非常重要。但罗伯特和保罗的性格特点决定了他们两人肯定合不来，对于这一点，钱包夫人已经有心理准备了。可是最近他俩的矛盾越来越激化，并且影响到了正常的工作，经常在钱包的制作中出现各种问题。

比如客人预订的是没有光泽的钱包，可是保罗却在皮革上涂满了油；本来这个钱包应该使用黏合剂，但罗伯特却错用针来缝合；等等。这些莫名其妙的失误，会浪费本来就很昂贵的皮革。

钱包夫人一边工作，一边用担忧的目光望着他们两人工作的样子。她不是没有注意到他们的问题，刚开始，她以为这只是性格不合的小矛盾，没想到他们会愈演愈烈，甚至影响了钱包工厂的利益。

偶尔也会出现像今天早上这样让人哭笑不得的一幕。而实际上，昨天给他们发薪水的时候，钱包夫人就预料到了这一幕的出现。罗伯特只要手上一有钱，就要去玩个通宵达旦，不把钱花干净决不罢休。然后在接下来的一个月里，罗伯特肯定会经常要求预付薪水，当然，他的钱包永远也不会鼓起来。

两人之间的矛盾本来也没有这么严重，可以说他们一直只是耍耍嘴皮子，没有怎么大声吵过架，究竟是什么时候他们的矛盾加剧了呢？

钱包夫人忽然想起了几天前发生的冲突，应该就是这件事情导致了两人关系的严重恶化。

那是星期五的晚上，也就是发薪水的前两天。

和往常一样，钱包夫人已经结束了当天的工作，正在整理工作台。就在她准备关门的时候，背后忽然响起了罗伯特的声音：

“喂，保罗！就50美元，你连50美元都不能借给我吗？几天后就可以领薪水了，我到那一天就能还给你，相信我！求你了，好不好？”

罗伯特的声音显得异常温柔，还带着乞求的味道，一直向保罗提出借钱的请求，但是保罗的回答却非常坚决：

“没有。”

面对这简单明了的拒绝，罗伯特没有就此放弃，他用更加可怜兮兮的声音继续哀求：

“哎呀，今天你就借给我50美元吧，明后天一发薪水我马上还你。哦，不，发了工钱我就还你55美元。你要知道，今天晚上我约好了克莱拉，你就大发慈悲照顾我一下吧。”

但保罗根本不理会他的话，还是没有任何余地地拒绝了他，大步走出门，扬长而去。

罗伯特不得不打消从保罗这里借钱的念头，但这点儿憋屈令他实在生气，愤恨之下，开始在背后大声咒骂保罗：

“你这蠢笨如牛的家伙，傻瓜！铁公鸡！一点儿人情味都没有！就算你像葛朗台一样拼命攒钱，难道就能变成大富豪吗？妄想，你这简直是痴心妄想！整天摆出一副穷酸相，以后肯定也不知道赚大钱是什么滋味，一辈子也就守着这点小钱当穷光蛋吧！你知道吗，真正有钱的富翁，绝对不会像你这样为了几分钱斤斤计较的，没出息！”

虽然罗伯特的话很过火也很偏激，但其中也有正确的地方。当然，这并不是说罗伯特的做法就是对的。一拿到钱就立刻花光，然后东挪西凑才能熬到下一次领薪水的日子，这种做法同样也无法令人赞同。但事实上，保罗也的确和罗伯特说的一样过分，实在太执着于金钱方面。不仅是一起工作、生活的朋友们，甚至于邻近的意大利移民们也都说他是吝啬鬼。

假如保罗有大笔的存款的话，这些风凉话也就没什么大不了的，被人嘲讽也不会少一毛钱。但实际上，虽然被很多人批评为吝啬，可他的财产却几乎是零，每月的工钱和罗伯特一样根本所剩无几，而他那些住在意大利南部的家人们，也依然在贫困的生活中煎熬着。保罗很清楚自己的这种处境，因此也只能选择冷冷地拒绝罗伯特的借钱要求。

不管怎么说，从那天以后，两人的关系就变得更僵了。罗伯特只要一开口，就肯定要嘲笑保罗是“南部的贫困吝啬鬼”，或者直接叫他“穷鬼”；而保罗只要有机会，也会用鄙夷的语气说罗伯特是“北部虚荣的懒鬼”，简称为“懒鬼”。

“钱包夫人，不去吃饭吗？”

这句问话让钱包夫人从思绪中惊醒过来，她无奈地摇了摇头。显然，就算再怎么烦恼也无济于事，还不如想想怎么从根本上解决这个问题。

于是她起身带着他们俩前往附近的三明治店解决中午的伙食。

这家店的主人叫萨尔瓦多，和钱包夫人是同乡。看到进来的三位客人，本来在烤架上烤肉的萨尔瓦多立刻停下手里的工作，高高举起手来和他们打着招呼。

“快进来吧，钱包夫人！让我看看，您要的应该是夹着火鸡的三明治，罗伯特要的是放了很多咸猪肉和木耳的三明治，还有保罗喜欢吃的是……涂上芥末后再放一张干酪的吐司，是这样没错吧？”

几年以来，他们一直是这家店的常客，萨尔瓦多早就记住了他们每个人的喜好，因此也不等他们回答，就开始准备两份三明治和一份吐司。三人也像进了自己家一样，熟悉地找了常坐的位子坐下来，看着报纸喝着咖啡，惬意地等着午餐的到来。

本来这段午餐时光就应该这样悠闲轻松地度过，但是他们不会就此休战。即使只是从这份午餐上，也可以看出保罗和罗伯特在性格和花钱方面有多大的差异。很快，两人就忍不住开始像平日在工厂里一样数落起对方。

“哎呦呦，瞧瞧你这懦弱而吝啬的家伙！吃这么差劲的食物，你究竟还能不能正常工作啊？别工作到一半就昏过去了。话说回来，你省下来的钱都去哪里了？”

“连自己几斤几两重都不知道的家伙！工作就只顾着偷懒，花起钱来却这么大方，难道你就准备这么天天吃喝玩乐下去吗？看你老了怎么办！”

看着两人又像往常一样互相谩骂嘲笑，钱包夫人忍不住摇了摇头。她在心里叹了口气，这两个人斗来斗去，对她和工厂都没好处，难道就放任他们这样对立下去吗？

艰难地挨过了30多分钟冷战式的尴尬午餐后，三人重新回到工厂，继续各自的工作。但是，就算是坐在这里，钱包夫人仍然止不住她的忧虑，罗伯特和保罗什么时候才能和平共处呢？一想到这个，她就怎么也集中不起精神开始工作。

“天啊，保罗和罗伯特这两个家伙，谁来告诉我应该怎么办才好？这么下去可不行啊……”

前言

为什么我的钱包总是空的？

我还记得几年前，一个令人难忘的秋天。

那一天，明媚的阳光暖暖地裹在身上，但我却没有心思去享受一下好天气，只是像往常一样拖着劳累的身体离开公司，无精打采地走在回家的路上。忽然一阵饥饿感袭来，让我忍不住想吃点儿什么，工作的忙碌让我忘记了吃饭！

于是，我从上衣口袋里拿出了钱包……

那时候的我也和现在一样，在国内一家知名度颇高的大型集团公司工作，和同龄朋友比起来，年薪虽然不是最丰厚的，但也绝不算少。在公司里，我的实力被众人认可，发展潜力有目共睹，而且我平时对各种投资也比较感兴趣，并收获颇丰。

但是——

在这灿烂耀眼的秋阳下，我打开的钱包却是空空如也，就连最常见的千元纸币也找不到一张!

钱包里面只有几张揉得不成样子的信用卡账单和一张交通卡。

一瞬间，我突然想到了被刮去鳞片、剥得干干净净的鲜鱼，而我手里的钱包正是那个样子。

我猛地停下脚步，陷入了深沉的思考：

“为什么我的钱包总是空的？”

我忘记了这是在下班回家的路上，忘记了工作一天的疲倦和辘辘饥肠，只是呆呆地站在原地，努力寻找这个问题的答案。此时此刻，我的脑子完全被这个问题占据了，它就像莫比乌斯带一样，让人看不到终点、找不到出口。

“在别人看来我有一份很好的工作……”

“我可没有胡乱花过钱，更不可能把钱随处乱扔……”

“我也没有沉迷于酒色……”

我工作踏实而努力，不会输给任何人，我没有乱花过一分钱，我没有过奢侈的生活……但为什么，我钱包总是空空如也?

我差点儿想破了脑袋，也没有找到答案。最终，我只好拖着疲惫的身体和更加疲惫的精神，一步一步慢慢走回了家。

和我那天一样钱包里空空如也的还有两位青年，也就是各位读者朋友即将在本书中认识的“罗伯特”和“保罗”。

罗伯特和保罗是一家钱包工厂的技术工匠，这家钱包工厂坐落在华盛顿近郊，拥有悠久的历史。在这家受人尊敬的钱包工厂里，他们学习着世界上顶尖的钱包制作技术。

他们都具备出众的资质、过硬的技术和无比的热情，可是无论赚了多少钱，他们的钱包总是一干二净的，几年来一直如此。直到五位富豪相继来到钱包工厂，分别向他们讲述了一个让钱包充盈起来的秘密；随后，他们又从钱包夫人的口中得知了关于钱包的第六个秘密……

他们的人生，就此变得完全不同。

事实上，外表光鲜但钱包干瘪的人，肯定不止罗伯特、保罗和我三个人。但有的人能改变这个事实，让自己的钱包变得“丰满”。改变的第一步，就是思考。

进步开始于我们的思考。如果从现在开始，您已经对自己的空钱包感到困惑，那么，你就已经开始了改变的征程。

想要解决对于钱包的疑问，就请和几年前的我一样，立即打开这本《为什么你的钱包总是空的》，去见见罗伯特和保罗吧！您肯定也会找到那些秘密，那些让您的钱包鼓起来的、像魔法一样神奇的秘密。

申寅澈

目录

没有意识到的时候，钱包里的钱就花得精光了。请打开本书的第二条钱包法则，为自己的钱包安一道“闸门”，让你的钱不那么容易流出。

规则3　选择打开钱包的时机　*055*

富翁不是“节省”出来的，紧紧捂着自己钱包、花一分钱都要想三天的人，是吝啬鬼而不是富翁。真正的富翁，总在合适的时机果断地打开自己的钱包，把钱投资出去——只放在钱包或银行里的钱是“死钱”，投资到有价值的地方的钱才是“活钱”，让钱“活起来”，你才能有更多的钱。想知道怎样让钱“活起来”？请打开第三条钱包法则。

规则4　重要的是你把钱花到了哪里　*089*

“赛马场买马券原理”和“百分比的虚像原理”，吃透了这两点，你就掌握了第四条钱包法则的精髓。大多数人都明白投资的重要性，但对于如何选择投资对象往往一筹莫展，于是盲目投资导致亏损，或者害怕损失畏缩不前。现在，请认真学习第四条钱包法则，并在实践中不断体会它的妙用。

规则 1

你爱钱吗？不爱就不配拥有钱

要想知道钱的价值，就想办法去借钱试试。

——富兰克林

“请问，有人在吗？”

下午4点左右，一位白发苍苍但是很有绅士派头的老人打开工厂的门，走了进来。

门外有两个身穿黑色西装的彪形大汉，像卫兵一样在门口守着，眼神中透出不容冒犯的气势。其实不用看那两名保镖，老绅士威严而有教养的仪表，就足以表明他是一位很有来头的大人物。正在认真工作的钱包夫人第一个发现了来客，率先站起来向他点头示意：

“非常欢迎您，布兰森议员。”

这位年迈的绅士正是罗纳德·布兰森上院议员。在成为上院议员之前，他是以加利福尼亚西南部地区为根基发展事业的著名富商。

钱包夫人给布兰森议员安排了座位，然后和亲切的议员聊了一会儿天。看起来，两人很早以前就相识了。想想钱包工厂的名声和历史，钱包夫人认识这些要员也就不奇怪了。

罗伯特和保罗虽然听不到两人在谈论些什么，却发现他们在聊天时，钱包夫人不时地朝他们这边指指点点，似乎说的事情和他们有关。大约过了几分钟，钱包夫人忽然朝着他们招了招手，喊道：“你们两个，先过来一下。”

保罗和罗伯特虽然有些惊讶，但还是停下了手中的工作，向布兰森议员走了过去。钱包夫人站起来，对他们说：“我还要去把布兰森议员订制的钱包再做一下收尾工作，你们两个人就先在这里陪一会儿议员吧！”

听到这意外的要求，保罗和罗伯特疑惑了片刻。他们从没有接触过这类大人物，心里不禁有些不安，但看着布兰森议员和蔼的目光和亲切打招呼的手势，他们还是顺从而拘谨地坐到了沙发上。

看着两人坐到布兰森议员的对面，钱包夫人才放心地回到工作台，若有所思地望着还没有做好最后收尾的钱包。

那是布兰森先生在两周前预订的钱包，本来她应该在上午就结束收尾工作，把钱包准时交到客人手里。但是今天上午把罗伯特叫醒以后，她一直在为他和保罗的僵持关系而担心，一整天都没能静下心来去工作，结果到现在也没有把钱包弄好。这样下去，就不是那两个人的意气之争了，势必会影响到整个工厂。想要让一切都回到正轨，就必须从根本上解决问题，那就是——钱！

“布兰森议员该会让他们两个有所领悟吧……”

钱包夫人抬起眼睛，悄悄凝视着沙发上的三个人，她心里的忧虑浮现在脸上，任谁都能看得出来她的忧心。但是他们的事只有依靠他们自己去感悟，外人是插不上手的，钱包夫人很快甩了甩头，让自己投入到工作中。

“你们都叫什么名字？”布兰森议员问道。

“我叫罗伯特·贝尔迪……”

如果是以前，性格活泼而健谈的罗伯特会连带着介绍保罗，但想到这几天的矛盾，罗伯特收住了声，没有接着说下去。

保罗用羞怯的语气接着说道：“我是保罗……保罗·班维纽第。”

“罗伯特和保罗……名字很不错。我的名字是罗纳德·布兰森……”

“我知道。您是上院议员，还是美国三大食品公司中布兰森食品公司的会长，是吧？”罗伯特打断了议员的话头，很热情地主动打起了招呼。

布兰森议员脸上依然挂着慈祥的微笑，冲他点了点头。

“恕我冒昧，请问您是怎样成为富翁的？”

可能是有感于最近的窘况，虽然是第一次见面，但罗伯特还是鼓起勇气，略有点儿唐突地提出了这么一个问题。布兰森议员没有立即回答，而是露出了意味深长的笑容。

保罗瞥了一眼急躁的罗伯特。他真的不能理解罗伯特，既然对发财这么有兴趣，为什么一有了钱就立即花光？然后又到处借钱，好像不花钱的日子就过不下去了。不过保罗自己也很想知道布兰森议员的赚钱秘诀，因此并没有说什么。

布兰森议员不仅成立了可以代表美国的大型企业，之后还以自己庞大的经济地位为基础当上了上院议员，他的这段经历堪称传奇。保罗虽然也知道能从他身上学到很多东西，但最终还是没有开口提任何问题，只等着罗伯特来问。因为在意大利的时候，从幼年开始，奶奶就无数次地告诫过保罗：向对方提出有关钱财的问题是让家门丢脸的举动。

布兰森议员默默看了他们两人一会儿，忽然说道："你们两个人都带着钱包吧？可以给我看看吗？"

突如其来的问题让两人迟疑了片刻，但是很快，保罗就开始翻起裤兜，摸到自己的钱包后，却没有立即拿出来。

罗伯特不好意思拿自己的钱包给布兰森议员看，对他来说，钱包只能算是装饰，他从来都没有把钱放进里面过。发薪水的时候，罗伯特也只会随手把钱塞进衣兜里，或者就胡乱扔进宿舍的桌子抽屉里。

还是保罗拿出来自己的钱包，交到了布兰森手里。布兰森接过保罗的钱包，里里外外、仔仔细细都翻了个遍，认真地观察着什么。保罗和罗伯特对他的举动感到非常好奇，仔细注视着布兰森议员的举动。

片刻之后，观察完钱包的布兰森议员平静地说出了自己的结论：

“看起来，你们两个人都不可能成为富翁呢！”

保罗和罗伯特同时吃了一惊，愕然地望向布兰森议员。不，或者应该说是带着一丝不甘的怒意盯着布兰森议员。

“你们不用吓一跳，我只是从你们到现在为止的表现上得出了这个结论而已。”

虽然直到现在，他们两个人都还是没多少积蓄的穷光蛋，但绝不会这么简单就承认布兰森议员给出的评语。当富翁的事谁也说不准呀，他们都还这么年轻，没准哪一天就真的能当上大富翁成为名流……虽然这样说暂时有点儿遥远，但谁的心里没揣着一个发财梦呢？自己的梦想和未来的前途就这么被轻易否决，实在令人不甘心啊！

先打破僵局的是罗伯特。他直接把心中的疑问讲了出来。

就算保罗那破旧的钱包让布兰森议员觉得他不可能成为有钱人，可罗伯特并没有把钱包拿出来呀，议员又是凭什么说出这种打击人的话呢？就算是富翁，也不一定随时随地都带着钱包出门吧？

“你叫罗伯特，是吧？”

“您可以叫我罗比。”

“好吧，罗比。你很想知道我为什么说你不可能成为有钱人，是吗？”

“是的。”

布兰森从罗伯特那里要过来几张被罗伯特揉成一团的纸币，问道：“你喜欢钱吗？”

“那当然了，世界上应该没有比我更喜欢钱的人了。”

“不，你不喜欢钱，你喜欢的是‘花钱的瞬间’。”

刚才还自信满满地回答问题的罗伯特顿时变了脸色，疑惑地问道：“似乎是这样……您是怎么知道的？”

在和罗伯特说话的时候，布兰森把每张一美元纸币都细心地展开、叠起来，拿在了手里。那些钱，是刚才罗伯特在萨尔瓦多的三明治店里用10美元买4美元30美分的特制三明治后收到的零钱。布兰森议员把叠好的纸币折好后抓在了手里，说道：

“至少，喜欢钱的人不会把钱随便揉在一起胡乱放在口袋里，就算面额再小的钱也一样。”

看着什么话也说不出来的罗伯特，布兰森议员接着说道：

“我给你讲一个故事吧，这是发生在50年前的事情。在参加完第二次世界大战以后，我就回到了故乡新墨西哥州，头一次有了做生意的念头，于是我开了一家以我的名字命名的蔬菜店。我今天之所以能够成为布兰森食品公司的会长，就开始于这个举动。”

听到这里，一直低着头的保罗仿佛刚从睡梦中惊醒一样，猛地抬起头看向布兰森议员，开始认真地听他讲述如何发迹的故事。

第二次世界大战结束后，年轻的布兰森回到家乡，在开办农场的亲戚们的帮助下，在故乡附近的一座小城市居民区里，和两名战友一起开了一家“布兰森蔬菜店”。虽然每天早上他们都会从亲戚们的农场里拿到最优质的蔬菜，但是店里的产品销量却总是上不去。每天都要把坏了的蔬菜扔掉，这让他们又心痛又着急。无奈之下，他们将菜的价格降到了附近店铺的三分之二左右，但是店铺里依然还是无人问津，只有苍蝇满天飞。

“那段时间可以说是我人生中最黑暗的低潮期。那家店铺里不仅有我在战场上浴血杀敌的报酬，还有亲戚们的资助，我把一切都投入到了里面，结果却是经营惨淡，开张还不到半年，就要面临关门的危机……”

仿佛又回到了当年。重温那段不愉快的经历，令布兰森议员不由得轻轻摇头叹气。

就在那个时候，一位名叫佩德罗的绅士找到了他。佩德罗当时是那座城市里的著名人物，经营着本市规模最大的连锁餐馆。听说布兰森的店铺里有大量优质的蔬菜，而且价格低廉，他就想让布兰森和他经营的连锁餐馆签订供应合同。对于布兰森来说，这可是拯救自己店铺的绝佳机遇，他欣喜若狂地准备好合约，领着佩德罗先生到自己一直向往的高级法国餐厅用晚餐。

但是，就在愉快的晚餐结束后，布兰森刚掏出自己的钱包准备结账时，意外就出现了——佩德罗先生的脸色瞬间就暗了下来，然后匆匆留下一句“我明天再考虑签不签合同”的话，就一个人率先离开了餐厅。

年轻的布兰森既惊愕又慌张，怎么也想不出佩德罗先生为什么会突然离开，并且表情还变得那样严肃？而且，佩德罗先生的突然离席和走前那句“考虑考虑”，让布兰森有了不祥的预感，对他来说，与佩德罗先生的合约就是店铺唯一的希望，他绝对不能放弃这根救命稻草。在第二天天还没亮的时候，他就一路走一路问地找到了佩德罗先生的家。看到他这么有诚意，佩德罗先生高兴地打开门接待了他，和昨晚离去时的样子截然不同。

布兰森还被邀请和佩德罗先生共用早餐。他们两人坐在室外的露台上用餐，能看到庭院里宽广的浅绿色草地，阵阵微风拂过，让人的心情也舒畅开朗不少。布兰森趁这个时机，单刀直入地询问佩德罗先生昨天的事，他实在很好奇为什么佩德罗会突然露出不快的神情，而且已经基本定好的合同，却说还要重新考虑。似乎并不意外布兰森的问题，佩德罗先生淡淡地看了他一眼，放下手里的小勺，让布兰森拿出自己的钱包。

听到这里，已经完全投入到故事里的保罗和罗伯特忍不住失声笑了起来。他们没有想到，50年前的布兰森议员也遇到过这样的事情。

“佩德罗先生也提出了这个要求吗？就像刚才议员先生和我们说的一样，要看钱包？”

布兰森议员微笑着点了点头。

“原因是什么？钱包能看出财运吗？不论怎么说，议员您现在已经成为全美国数一数二的富豪了啊！”

“你说得对，我现在的确算是成功了。但老实说，如果当年没有遇到佩德罗先生，可能就没有现在的我。”

时光重新回到了50年前佩德罗先生家的早餐桌上。

在仔细观察布兰森的钱包后，佩德罗先生露出一种更加确信自己判断的表情，又默默地把钱包还给了布兰森。布兰森盯着他的每一个动作，都快被好奇心逼疯了。

“喂，布兰森先生，你想成为富翁吗？”

“那当然了，世界上怎么会有人不喜欢成为富翁呢？！”

“但是在我看来，你是发不了大财、做不成有钱人的。你不仅没有当有钱人的条件，甚至可能连现在的店铺也经营不下去了。我不想和肯定会破产的店做生意，所以我才说与你的合同需要再考虑。”

这些直接的话语让布兰森的自尊心受到了极大的伤害，但是现在他却顾不上安抚自己受伤的自尊心，因为过一会儿，他可能就会失去这个城市里最大的交易伙伴。此时此刻，他必须听对方分析自己不能成为有钱人的理由。

“那么，请问我为什么不能成为富翁呢？”布兰森略显焦急地问道。

“布兰森先生认为富翁应该是什么样的人？”

“啊？”

布兰森想不通对方为什么不先回答自己的提问，却提出这种不着边际的问题。

“我不太确定，总之是拥有很多钱的人？不然就是很会赚钱的人？再不然就是……”

“是最爱钱的人。”

一听到“爱钱”两个字，布兰森忍不住笑出声来：“世界上怎么会有人不喜欢钱呢？”

听到这句话，佩德罗先生大摇其头。

“光喜欢钱是不够的。要想成为有钱人，你就要学会去爱钱。只要一有闲暇就要去想它，时时刻刻都在惦记它，每天都要数一下自己手中有多少钱，而且是经常不厌其烦地把每一张钞票都数得一清二楚。到了这种程度，你才有成为真正的富翁的可能，而不是一辈子当一个守着手里那点儿小积蓄的人。不过从布兰森先生昨天付账时掏钱出来的样子和钱包里的状态来看，你不仅不喜欢钱，而且还在无视它、厌烦它。”

佩德罗先生说得没错。

虽然经常会想“要是有更多的钱该有多好”，但当有人问道“您爱钱吗”的时候，布兰森绝对没有信心坚定地回答“是的”，也许一直在谈论着钱的他，对钱根本就没有多深的感情和认识。没遇到佩德罗先生之前，钱对他来说也许仅仅是一张张红红绿绿的纸或者圆圆的硬币，根本没有更重大的意义。他看中的不是钱本身，而是钱给他带来他想要的东西。是的，他没有爱过钱，甚至连重视都谈不上。

“一定要爱钱吗？只要认真工作和省吃俭用，不是也能成为富翁的吗？”

听到年轻的布兰森的疑问，佩德罗耐心地教导他：

“那当然也是可以的，不过我现在讲的是概率问题。按我的经验来看，在大部分情况下，每时每刻都对钱充满了热爱的人能当上富翁的概率，比依靠认真工作和省吃俭用成为富翁的概率，要高出很多。”

听到这里，保罗忍不住打开了自己的钱包。就像50年前的布兰森一样，里面杂乱地塞着5美元纸币、1美元纸币、各种发票和银行缴款通知单。

罗伯特也默默地看着手里的纸币，那是刚才布兰森议员亲手叠好的5美元70美分的零钱。

一直保持沉默的保罗第一次开口问道：

“不过，对于我来说，好像很难那么痴迷地爱上钱。如果真的做到了对钱的喜爱，那会发生什么改变呢？到底是什么事会让成为富翁的概率变得更高？”

听到保罗的疑问，布兰森议员从桌上陈列着的钱包上收回了目光，缓缓开口道：

“你的问题也正是我当年不解的地方，但现在我知道了。其实，爱上钱的话，第一，可以产生明确的目标意识。人是很奇怪的，只要出现了‘爱的东西’，就会有占有的欲望，会强烈地想要拥有它。我们通常说自己‘喜欢钱’的时候，指的并不是货币这一具体物质，而是它的作用，也就是说，享受在交易中可以购买自己喜欢的物品和花钱的快感。我们爱的是‘有钱可花’，是钱的功能。也就是说，虽然我手上有，但别人手上可能也有，它只是有流动性的物品，而我们只是喜欢和羡慕这个动态物品罢了，不管是别人的还是自己的，都觉得它是个好东西，仅此而已。但是，如果‘爱钱’的话，我们就会产生非常迫切的想要拥有它的念头。这种想法会成为我们的目标，深深种植在大脑的潜意识里。在我们积累财富时，这个目标意识就会赋予我们最大的能量。”

“第二呢？”

“爱上钱的话，我们就会把注意力集中到钱上面。比方说，我们在和爱人约会的时候，眼里就只有对方，你整天只会想着对方喜欢的是什么，烦恼怎么才能讨对方的欢心，只会记住与对方相处的每一秒时光。同理，我们如果爱上了钱，就会把注意力集中到钱上面，只去思考如何才能赚钱和攒钱，而不会费神考虑那些可能会让钱流失的杂七杂八的事情。”

罗伯特忍不住接着问道：

“那么第三还有什么呢？”

“最后还有第三点，就是可以让你发现这样东西的隐藏价值。我给你们讲一个有趣的故事吧！我认识的一个朋友和我们村以貌丑出名的姑娘堕入了爱河。我们这些朋友嘲笑地问他‘喂，那个女人有什么好，非要和她交往’时，他不理我们的调侃，认真地回答说‘你们有没有见过她的脚踝？我第一次见到那么美的脚踝’。第二天在路上偶遇那个姑娘时，我特意观察了一下，发现果然如他所言，这个姑娘有一双很美丽的腿，她的脚踝的确非常好看。也就是说，我那个朋友因为实在太爱那个姑娘，所以能找出别人没有发现的她的魅力。其实，爱钱的时候也是如此。如果真的爱钱，我们总会发现别人没有看到的隐藏价值，而这可能就是你的机遇，会让你拥有别人做梦也想不到的巨额财富。”

对于一直以来只会埋头工作的两个人来说，这样的话是第一次听到，给他们带来的震撼也非同寻常。对于金钱的认识，对于钱的热爱，这些是他们想都没想过的。很多年轻人，甚至很多阅历丰富的老人，如果没有特殊的经历，也不会想到，原来需要我们先要“爱上”钱，然后才有资格拥有它。或许，真正的富翁和普通人的思想上的差别，就在于此。

罗伯特和保罗两人面面相觑，不约而同地把目光放在手上抓着的钱包和零钱上。听完布兰森议员的话，他们也觉得，继续这样下去的话，自己可能真的当不了什么大富翁，以前怎么会一点儿也没有意识到对钱的重视和爱呢？

看出了他们的气馁和沮丧，布兰森议员善解人意地握住他们的手，语重心长地说道：

“年轻人，你们不要太过气馁，也大可不必沮丧。50年前的时候，我对金钱的态度比你们还要恶劣。但是从那以后，我就非常努力地去‘爱上钱’。你们看看吧，现在的我，不是已经成为一家大公司的主人了吗？只要肯用心，什么时候开始都不晚。”

此时，布兰森议员的辅佐官推门而入，告知议员接下来的行程安排快要到时间了。与此同时，钱包夫人也拿着制作完成的钱包朝这里走了过来。

“来，看看吧，合您的心意吗？”

布兰森议员从钱包夫人手里接过钱包，然后从自己的旧钱包中拿出叠得整整齐齐的纸币放进了新钱包里。他的脸上洋溢着笑容，看上去非常满意钱包夫人制作的钱包。

布兰森议员把钱从旧钱包转移到新钱包时，就像是在进行一项宗教仪式，那么庄重而虔诚。他先是将纸币按照类别依次整理好叠放进去，然后再把各种卡片简单分类后插到新钱包的卡袋上。

旁边的辅佐官在旁边再次告知时间很紧，催促他快些上路。布兰森议员仿佛为不能继续和两个青年交谈而感到有些遗憾，他深深看了两人一眼，起身迈开稳健的步伐走向工厂的大门。

罗伯特和保罗也恭敬地跟了出来，打算送一送这位给自己指点迷津的可敬的议员。布兰森议员突然转过头来，对两人最后说了这样的话：

“我会尽量选择质量好的钱包，当然不是说价钱够贵就可以。我的钱包要好看而牢固，只有质量好、牢固的钱包，才能像一个尽忠的卫士一样，替我保管好我热爱的钱币。”

罗伯特和保罗又一次望向了自己手中的钱包和零钱，似乎已经下定了某种决心，在他们的眼里，钱好像也变得有些不一样了。

布兰森议员用力握了握钱包夫人的双手，向她表示谢意后，才踏上停在工厂门口的豪华轿车。

正如很多人说过，你不理财，财不理你。只有你注意到了自己的钱，才有机会看到它冲你伸出的橄榄枝，才有和它进一步相处的资格。

“喜欢以后才看得到，看到以后才摸得到，摸到以后才能把它抓到手里，放进自己的怀里。希望你们可以真心热爱自己的钱，那你们在50年后，也有机会成为布兰森食品公司的会长。或者，不需要那么久，就可以拥有一家比布兰森食品公司更大的公司，甚至获得更高的成就……”

布兰森议员在车内看着他们的身影，自言自语般缓缓说出了自己对两个年轻人的祝福。

检查你的钱包

现在起，可以打开你的钱包，在打开之前，先问问自己：

我的钱包里，现在一共有多少钱？

如果能迅速地回想起包括零钱在内的数量，那你至少还在“掌控”着你的金钱；

如果只模糊记得一点儿大钞的数额，那你要开始重视你的金钱状况。

然后，仔细观察钱包的外表。

它看上去干净整洁吗？还是已经有点儿肿胀变形？

有些人的钱包，内侧的线头早已开了，甚至里面有了严重的破损。

你在爱护你的钱包吗？

钱币是怎样放置的呢？是整整齐齐，一张又一张按顺序放好，连个折角都没有；还是胡乱塞在钱包里，已经被揉得皱皱巴巴？

打造你的魔法钱包

想要拥有“魔法钱包”，第一步便是拥有一个质量好的钱包。

是不是名牌并不重要，但它要有足够的存储空间，并且结实。

快选择适合你的钱包吧。

在古老的学问中，金色、黄色、黑色和咖啡色都被视为能守护财富的象征。

钱包的颜色，也可以在以上几种中进行挑选。不过，就算是根据自己的喜好挑选颜色，也没有什么不可以。

钱包看上去越新越干净，财运会越好。

对待金钱也是如此，被放进这个魔法钱包的金钱，你都要稳妥地安置它们。

钱币无论大小，要按顺序一张一张整齐地叠放。

将金钱的折角抚平，将硬币另外放到储蓄罐或钱包附带的硬币包里。

不要因为硬币使得你的钱包每天都鼓鼓囊囊的，形状不规则的钱包更容易被磨损。

每天都要好好整理你的钱包。

对你随身的财务状况，始终有十分清醒的认知。

每天妥善整理你的金钱，能够加强你创造金钱的能力。

要知道，爱钱才能将钱吸引过来。

不爱钱的人，就没有资格拥有钱。

魔法钱包要对你说的……

拼命攒钱并不能成为大富豪，可是一点儿也不攒钱的话，你就更别想成为有钱人了。

“真正有钱的富翁绝对不会为了几分钱斤斤计较？”这可不一定，洛克菲勒连三分钱的邮票钱都要记账。

如果你真的整天摆出一副穷酸相的话，以后还是有可能赚上一大笔钱，但是你很容易失去一些“以貌取人”的赚钱机会。

太执着于金钱的话，金钱是不会感到高兴的！相信我，葛朗台就是因为太喜欢霸占金钱而不让它们发挥作用，导致他的金钱最后都腐烂了。到现在，还在流传着“远离葛朗台”的谚语。

为什么一味吝啬的人仍没有钱？请参照这句谚语。

再好的朋友和夫妻，也有可能因为金钱而闹僵，这其实不能怪钱，对吧？

保罗的午餐是一份芥末干酪吐司，我觉得如果他再这样下去，以后会为了健康不得不付出更多的金钱。

有些人很害怕金钱，认为自己只能靠薪水来获取金钱；而有些人狂热地追求金钱，只是为了能随心所欲地花钱，所以最后……他们都被金钱奴役了。

富豪们都很尊重金钱，也看清了金钱的秘密，因此金钱最后还是很乐意（不得不）去他们那儿了。

规则 2

制定你自己的钱包规则

金钱是被铸造出来的自由。

——陀思妥耶夫斯基

“罗伯特，保罗去哪里了？”

钱包夫人一边从二楼走下来，一边问道。

“不知道，估计又躲在什么地方自个儿数钱去了吧。”

和布兰森议员谈过一次话之后，刚开始那几天罗伯特和保罗似乎还有所改善，可是现在看来，他们之间的关系依然没有缓和。

不过，罗伯特和以前相比已经有所改变了。前一阵子，他不知从哪里得到一张哈雷摩托车的照片贴在了工作台上，而且从那以后，他不仅每天都很早起床，晚上的时候也会加班到最晚。

今天是星期天，也是工厂的休息日，罗伯特却说还有些事情没有做完，主动到工作台上开始工作。这种改变令钱包夫人既惊讶又欣慰。浪子回头金不换，但愿罗伯特不是三分钟热度才好。

钱包夫人若有所思地望了一会儿罗伯特贴在工作台上的照片，随即走到工作台上打开小灯准备开始工作。这盏小小的工作灯已经陪伴了钱包夫人40多个年头，就像她的老朋友一样一直守候在她身边，长久以来从没有出过什么故障。不过，它就像身体不好的老人一样，有时爱闹点儿小毛病，每年都要给这盏灯换两次灯丝。

“罗伯特！既然出来了就帮我一点儿忙吧，给我拿洗涤剂和水性染料过来。斯宾塞大法官说今天下午就来拿预订的钱包，时间太紧了。”

钱包夫人把工具准备好后，很快就埋头工作。罗伯特瞥了一眼工作台上贴着的哈雷摩托车的照片，找出还没有完工的皮革刷了起来。

罗伯特贴上这张照片，大概是4天前的事情。之前他虽然想过要骑一辆好看的摩托车吸引别人羡慕的目光，但始终都只是脑子里偶尔转动的念头，根本没有想过真正攒钱把它买下来。要知道，一辆好的哈雷摩托车比一辆小轿车还要贵一些。但是和布兰森议员聊过天以后，罗伯特的想法产生了一些变化。当然，他现在依然不知道怎么攒钱才可以买下它，但是正如布兰森议员所说，想要成为富豪就要攒钱，想要攒钱就要真心爱钱。而罗伯特觉得，树立一个明确的目标，可以帮助自己培养对钱的喜爱。

对罗伯特来说，自己的第一个目标就是哈雷摩托车。虽然目前他连摩托车的车把都买不起，但是只要每天看着自己的目标，为了这个目标一直努力下去，他觉得自己应该可以实现这个愿望。

“不过保罗那小子究竟跑到哪里去了？他好像很早就不见人影了……”

一声不响地消失掉，可不是保罗的作风，他从来没有这么不负责任地放下工作连声交代都没有就不见了，因此罗伯特的心里也不无担心。但是堆积下来的工作实在太多了，需要他经手的皮革堆满了工作台和仓库，罗伯特很快把对保罗的担心压了下去，专注地工作起来。他熟练而迅速地往皮革上均匀涂抹好材料，然后用精美的刷子一遍一遍地刷了起来。

“在吗？钱包夫人。”

午餐后，刚一打开工厂门，就有一位老绅士走了过来。他的头发已经全部变成银白色，仿佛皑皑白雪。罗伯特猜想，他就是钱包夫人上午提到过的斯宾塞大法官。

“快请进，法官大人，好久不见了。”

“夫人！好久不见。我的钱包做好了吗？我可是在这里等了很久了，就为了能马上拿到它，真是期待啊！”

和他威严的外表截然相反，斯宾塞大法官迫不及待地想要拿到预订的钱包，有点儿像小孩子买糖果那样心急。钱包夫人邀请他坐下，但他还没有坐稳呢，就性急地从自己原来的钱包里掏出纸币和信用卡等，准备给它们“搬家”。罗伯特在一旁悄悄地观察，果然，大法官的钱包虽然显得很旧，却保养得十分整洁的样子，钱币都是精心叠放整齐的，拿出来的时候连一个小折角都看不到。

“它值得您的等待和期待。您的钱包的用料，是从我的故乡托斯卡纳带过来的高级小羊皮，上面还精心刻上了斯宾塞家族的标志，经过了反复九次的烟熏和擦拭，它的质地堪称顶级中的顶级。”

钱包夫人的解说让斯宾塞兴奋无比，他干脆从还没坐热的座位上站起来，紧跟在钱包夫人后面走动。

“不过……”

一听到这句话，法官大人立刻一副担心的样子，用十分不安的眼神死死盯住钱包夫人。

“不过？”

钱包夫人说这句话本来是有点逗他的意思，可是这位大法官的反应让她不敢再开玩笑，下意识地转动手上的工具，若无其事地说道：

“我们家罗伯特会最后涂上几次皮革洗剂，这样可以延长钱包的寿命。请您再稍微等一会儿吧。”

说完，钱包夫人就从工作台上取了钱包递给罗伯特。罗伯特接过钱包后，坐下来用薄布蘸上皮革洗剂，认真地擦拭钱包的里里外外，表现出一个尽职的工人应有的态度。

斯宾塞大法官的确是仪表堂堂，似乎每一处都彰显着他极高的社会地位。但此时此刻，谁都会觉得他其实是一个性格急躁的人。钱包夫人特地为他端来了上好的茶水，大法官却连碰都没碰，着急地站在罗伯特的工作台边等着完工。

刚开始的时候，大法官还焦急地在工作台边上徘徊，等到时间一长，大法官干脆就拉过一张椅子坐到罗伯特对面，认真观察他工作的样子，而且一看就是十多分钟。

罗伯特放下手中的薄布，伸直了腰。他要等第一次涂上的皮革洗剂干了之后，才能做接下来的工作。斯宾塞大法官也活动了一下自己有点儿僵硬的身子，热络地和罗伯特打起招呼：

“隔了一段时间，你的本领大为见长啊！”

“什么？您认识我吗？”罗伯特一脸惊讶地问道。

“当然认得。当初做这个钱包的时候，你还只会搬搬皮革原材料，做一些基础工作，给别人打下手。现在看来，连收尾工作你都已经掌握得很娴熟了呢。”

罗伯特在记忆里搜寻，终于想了起来，当年他刚来钱包工厂没多久，这里就接待过一位来自华盛顿地方法院的法官。罗伯特仔细观察着斯宾塞大法官的面容，终于确认了自己的判断：

“哎呀，法官大人变化很大呢，我都不敢认您了！您曾经只是地方法院的小法官，现在却成了全美国的大法官……”

话一出口，罗伯特就觉得这句话实在太过唐突，只好连连干咳着掩饰，因为自己的冒失，整张脸都羞得通红。不过斯宾塞大法官却满不在乎地哈哈大笑，点头道：

“你说得对，说得太对了，当年地方法院的穷鬼法官现在也终于发达了呢，而且不是一般的发达！”

现在看来，斯宾塞大法官似乎真的发生了巨大的改变。记得第一次见面的时候，这位法官还带着那么一点儿穷酸的气息，有点儿乡巴佬的味道。可是现在自己面前的法官大人却完全变了，不仅带着法官应有的威严和气质，还能让人联想到富有而庄严的中世纪贵族。

罗伯特朝工厂的门口望过去，发现外面停着一辆自己从没见过的超级豪华的大型轿车，看来，这就是大法官开的车了。华盛顿虽然多的是权贵，但这样高级的轿车还是很罕见的。罗伯特仔细地用手擦掉钱包上残留的皮革洗剂，望着门外那辆自己想也不敢想的高级轿车，感叹道：

“看起来，这段时间您不仅是步步高升，而且也发了大财，赚了很多钱吧？”

斯宾塞大法官没有否认，大方地承认道：

“我是变成有钱人啦，而且不是一般的富有，真的赚了不少钱。”

听到大法官自己说赚了很多钱，罗伯特反而不知道应该说什么好了，再问下去也不知道会不会触及法官大人的隐私，那样就太失礼了。仿佛看出了罗伯特的尴尬，斯宾塞大法官微微一笑，接着说道：

“我的钱可都是用正当手段赚来的哦，所以就算成了大富豪，也不用藏着掖着，发财又不是什么丢人的事！”

虽然听大法官说“成了大富豪”，罗伯特却没有立即开口追问对方“怎么成为有钱人”。这不仅和对方的出身有关，而且还与对方身上处处散发着的贵族气息有关。

上次的布兰森议员给人一种企业家的感觉，可是眼前的斯宾塞大法官，却处处透着贵族式的威严。商人和贵族，气质毕竟有着本质上的不同，在罗伯特眼里，贵族是一般人不可以冒犯的。他认为，可能像法官大人这种高层次的人成为富翁的过程，根本就不是像他这样的平民百姓可以效仿的。

斯宾塞大法官仿佛看出了罗伯特的想法，说道：

“虽然我的钱都是光明正大赚来的，但我积攒钱财的方法也不是随便任何人都能想到的，甚至大部分人连想也没有想过。并不是每个人都有成为富人的资格。”

“那您的意思是？”

“我只是按照‘法’来做而已。”

“什么？按照‘法’来做？”

“嗯，按照‘法’来做就可以了。”

罗伯特觉得自己理解不了法官大人的话，脑子里一片混乱。

——成为富翁，就是要按照“法”来做，这是什么意思？是说只要遵守法律就能发财吗？还是说要去学好法律？

看了一眼陷入短暂沉思中的罗伯特，斯宾塞大法官自信满满地继续说：

“其实不仅是我，大部分的富人应该都是因为遵守‘法’，才可以拥有今天的成就的。”

这句话让罗伯特的思维无法正常运作，越是不明白法官的含义，他就越想知道这个能致富的“法”是什么。罗伯特终于忍不住心中的好奇，单刀直入地问道：

“不好意思，我无法理解大法官您的意思，按照‘法’来做才能成为富翁……大法官是学习法律出身的人，这点我倒是可以理解。可是您又说，其他的富翁也和您一样懂得‘法’，我就不明白了，什么法律条款这样重要呢？”

听到这话，斯宾塞大法官哈哈大笑起来，他豪迈的笑声大得惊人，仿佛连天花板都在他的声音里震颤着。罗伯特吓了一跳，只有茫然地提着刷子，呆呆地望向笑得前仰后合的大法官，不明白什么使他觉得如此好笑。

大法官笑了好一会儿才止住，然后亲切地将手放到了罗伯特的肩膀上：“你是叫罗伯特吧？”

“您可以叫我罗比。”

“好吧，罗比。罗比先生似乎混淆了我刚才说的‘法’和法律呢！我说的‘法’，并不是宪法、商业法或民法中的‘法’。”

“那……”

“是钱包的法，我说的是钱包的法则。只适用于自己的钱包，而且是自己研究出来的，专属于自己的一种发财规则，这才是我所说的‘法’。”

斯宾塞大法官一边拿出空荡荡的旧钱包轻轻拍了几下，一边教他：

“我说的是钱包之法，也就是钱包运用的规则。”

“这个……”

斯宾塞大法官用力地冲他点着头，但是罗伯特却丈二和尚摸不着头脑，脸上依然是一副茫然的表情。

“钱包之法”是个什么东西，用钱包也有自己的规则吗？什么规则这么厉害，只要遵守它就能成为富翁？

“罗比先生，你有专属于自己的‘钱包运用规则’吗？”

答案当然是否定的，而且罗伯特也不可能意识到那个“规则”是什么。就像斯宾塞大法官点头一样的用力，罗伯特也使劲摇了摇头，表示自己完全听不懂斯宾塞的话。

斯宾塞大法官早就料到他理解不了自己的话，于是耐心为他解释：

“你是不是经常缺钱，而且到现在为止一直如此？”

虽然有点儿难堪，但罗伯特还是承认了自己的窘境。大法官的态度没有一点儿变化，仿佛早就猜到罗伯特会这么回答。

“其实，我们斯宾塞家族是18世纪初移民过来的荷兰商人的后裔。但是自从爷爷当上联邦大法官以后，我们家族就成为法官家族。”

听到“商人后裔”这句话后，罗伯特仔细地观察斯宾塞大法官，可是面前的大法官处处透露着高贵威严的法律世家出身的气质，怎么也找不到商人的气息。斯宾塞大法官再次看穿了罗伯特的想法，说道：

“你可能认为我不像是商人的后裔，因为我毕竟是从小看着头戴法官假发的长辈长大的。但是究其根源，我们斯宾塞家族的确是曾经纵横世界的西印度公司商人的后裔。”

见罗伯特仍然用无法置信的眼光打量自己，斯宾塞大法官把手里拿着的钱包递到了罗伯特面前，说道：“这个钱包就是证据。”

这是刚才的旧钱包，样子和罗伯特手里的新钱包很相似，只是新钱包显得更加精美一些。两个钱包上都有手工刻上的字迹，那是斯宾塞家族的徽章。和欧洲名门望族动辄用百合花、狮子、盾牌或鹰等图案做徽章相比，两个“B”中间夹一个用华丽字体的“J”这样的徽章，显得非常特别。

“在我们斯宾塞家族里，每一个成员在成年的时候，大人们都会将这种做工质量一级棒的手工钱包作为礼物送给他，这已经成为家族的传统了。而且，钱包上肯定会刻上家族特有的标记。”

罗伯特再一次把目光落到手中的钱包上，他仔细端详了好一会儿，还是看不出什么玄机。除了刻在钱包上的徽章以外，这个钱包可以说几乎没有任何区别于其他钱包的地方。而且，这个徽章也只是由普通的三个英文字母组成，难道还藏着什么外人不知道的秘密吗？

“除了家族标记和其他家族的稍有不同外，这个钱包几乎就没有什么特别之处啊！那为什么您家要选择钱包做礼物呢？”

斯宾塞大法官就像是看着一条很严肃的新闻一样，用那种眼神阅读着钱包表面的标记：

“Behouden Jouw Besturen！”

乍一听斯宾塞大法官念出没听过的外语单词，罗伯特惊讶地望着他。

“Behouden Jouw Besturen！”

斯宾塞大法官没有理会罗伯特的目光，又念了一遍。

“这是荷兰语，意思是遵守专属于你的规则。在我成年的时候、在我父亲成年的时候，家族里的长辈们都会在赠送钱包的同时，让我们反复品味这句话。我们家族的徽章BJB其实就是‘遵守专属于你的规则（Behouden Jouw Besturen）’这句话三个单词的首字母。”

说着说着，斯宾塞大法官开始追忆起那些已经烙印在自己血液里的先祖们的故事。

斯宾塞家族事业的创始人名叫亨利·斯宾塞，是移民到荷兰的威尔士人。他有着独到的眼光和专业经营技术，因此下海经商后，逐渐成为荷兰乌特勒支地区的首富。

但是作为有钱人也不是事事都顺心如意，严重的问题很快就出现了。亨利·斯宾塞有两子一女，他们仗着自己有一个有钱的老爸，一直游手好闲，不仅不愿意工作，还习惯了享受奢侈的生活，在一年内就花光了父亲交给他们的一大笔财产。

亨利·斯宾塞无法忍受他们的挥霍无度，忍无可忍之下，将他们告到了地方法院。法院的书记官询问他为什么要告自己子女，他们违反了哪条法律，亨利·斯宾塞的回答是这样的：

“他们违反了自己的法律。如何使用和守护自己的时间与金钱，是每个人都应该了解和遵守的法则，但他们却忘记了这一点，或者是明知故犯。违反了这个法则，是对自己的不负责任，这样的人，比那些违反国家制定的法律条文的人要更加危险和恶劣。因此，虽然他们是我的儿子和女儿，但我还是要起诉他们。”

也许有的人会觉得，这位富翁实在冷酷得不近人情，自己的儿女不是理应享受自己赚来的财产吗？父母辛苦赚钱，还不都是为了哺育培养子孙，让后代可以无忧无虑地生活吗？但是，亲身体会到赚钱艰辛的亨利·斯宾塞并不这么想，他认为，一个人如果不珍惜所拥有的一切，总是依赖别人的赠与并养成挥霍浪费的习惯，就是对金钱的亵渎。

当然这样的起诉是不会被受理的，可是大家都知道了亨利·斯宾塞有多么痛恨这种浪费金钱的行为。此后，他决定不留遗产给自己的子女，而是把一半财产捐赠给了乌德勒支大学，另一半分给了同一地区内的贫困家庭。

“自那以后，我们家族的家训和徽章就变成了‘遵守专属于你的规则’，用以让后人警诫、规范自己的行为。”

斯宾塞大法官解释说，每当后代子孙看见这三个字母的家族徽章，就会想到前辈们有过因为挥霍浪费而失去继承权的难堪往事。这就提醒他们，要时刻守护好自己的钱包，不能再犯同样的错误。

“这和您成为富翁有什么关系呢？”

“当然有关了。你可以反过来想一下，为什么很多人明明有稳定的工作，而且工作起来也是很努力的，可是总觉得自己的经济状况捉襟见肘，而且总感觉被贫穷压得喘不过气来呢？”

“那是因为，他们赚的比花的少。”

“那如果不要花那么多就可以了，是吧？”

“说起来容易，做起来可就难了。”

“多赚一些，或者少花点儿……这很难吗？”

“活到现在，每个人都该清楚自己学到了什么和能做什么工作，而且也已经基本固定下来了，怎么可能还有机会想要多赚钱就能多赚呢？！”

“那，少花点儿呢？”

“虽然会想着少花一些，可是我们每时每刻都有可能遇到需要花钱的突发情况……”

“就因为这样，我们家族才会把家训和徽章定为‘遵守专属于你的规则’，而且我也最终成为富翁。”

罗伯特似乎有点儿明白了法官大人一直在强调的东西，但是依然没有清晰的头绪。

“罗比先生会在什么时候打开钱包？”

“啊？”

“我的意思是什么时候花钱？”

“那个嘛……想买什么东西的时候……”

“想买什么东西、想吃什么东西、想要把不平静的心情发泄出来的时候……我说的对吗？”

“是。”

“这么看来，罗比先生在短时间内是不可能成为有钱人的。”

斯宾塞大法官说的话和布兰森议员说的话如出一辙。虽然是第二次听到这样的评价，但罗伯特还是会为此愤愤不平。一个做梦都想要发达的人，却被人接二连三地打击，他实在无法让自己心平气和地面对法官的断言。

“为什么？”

罗伯特的语气有些生硬，不过斯宾塞大法官依然是悠闲自得的样子，好像对他的反应全然不在意。罗伯特看着斯宾塞，自己想道：虽然还不知道有钱人变得有钱的共同规律和秘诀，但可以肯定他们都有一个共同点，那就是他们对待生活总是从容不迫；这并不是富有生活带来的结果，而是他们本身就具有的一种对待生活的镇定的态度。

“这是因为罗比先生的钱包没有属于自己的规则。让我来解释一下为什么我总强调规则这个问题。罗比先生的钱包并不是由罗比先生的意志所支配的，而是由罗比先生面临的状况临时支配的。也就是说，真正支配罗比先生钱包的并不是罗比先生自己，而是围绕着罗比先生出现的各种‘状况’。既然是拿着一个不属于自己的钱包，那么，这个人怎么可能成为富翁呢？”

听罢大法官的这番话，罗伯特不由得想起了前段时间疯狂地花钱购物、没有节制地吃喝玩乐，这一幕幕往事都曾是他快乐的源泉，也是把他的钱包掏空的元凶。就在几天前，他的生活就总是那样，在享乐中醉倒、在疲倦中醒来，自己的钱总被很多“状况”消耗殆尽，似乎自己的钱包真的不属于自己。

仿佛读出了罗伯特内心的想法，斯宾塞大法官继续启发他：

“罗比先生，你可以想一下以前打开钱包付账以及合上钱包的瞬间，或者只想一下昨天是为什么拿出钱的就可以了。在这些瞬间，你是否有自己不变的一些规则？比如‘在这种时候我就会打开钱包付钱’‘在这种时候我不会付钱’……”

罗伯特考虑了良久，但是脑海里出现的都只是“发现想吃的东西时就会用钱、发现想买的东西时就会用钱”等答案，根本没有特别的规则。想花钱了就花钱，好像从口袋里拿出的这些钞票，就真的是为了应付各种“状况”。

正如斯宾塞大法官所说，罗伯特完全被周围情况所支配着。

“不仅是我，这个世界上的所有富豪都有专属于他们的规则，也就是我前面说的‘法’。不论是赚钱的时候还是花钱的时候，都是如此。正因为这样，他们才可以比别人赚更多的钱，也可以让钱在自己手中停留更长时间。其实，富豪们并不是单纯的守着财富的人，而是遵守自己钱包之‘法’的人。”

罗伯特开始继续工作，把皮革洗剂第二次涂到钱包上，同时陷入了思考中。之前他只认为富翁是“总有很多钱的人”，并没有想过他们是“谨守自己规则的人”。

“能够当上富翁的并不是赚钱多或花钱少的人，而是在对金钱定下专属于自己的规则和遵守这个规则方面比大多数人都做得更好的人。我们熟知的卡内基、沃伦·巴菲特等都是如此。”

听完斯宾塞大法官的补充，已经在钱包上涂完皮革洗剂的罗伯特犹豫了片刻，终于还是开口问道：

“那大法官的‘钱包之法’是什么呢？”

“我吗？”

罗伯特发觉单刀直入地问问题其实很有效果，在罗伯特看来，法官大人对待自己所有提问的从容态度，可能就是大法官的第一条规则——对任何事都要从容不迫地面对。

斯宾塞大法官没有直接回答这个问题，而是在工作台上找出一张白纸，写下了几个字，随即认真地一连对折三次，递给了罗伯特。

“成就‘富翁大法官’斯宾塞的‘钱包之法’就在这里。你先保管好，如果下次再被周围情况支配着需要打开钱包的时候，就把它打开。”

罗伯特小心翼翼地接过斯宾塞大法官的纸条，就像接过一件罕有的珍宝一样，恭敬地塞到了最近刚换的钱包里。虽然恨不得现在就打开看看里面藏着什么神秘内容，但罗伯特还是决定遵照大法官的吩咐，遇到需要花钱的情况时再打开。

20多分钟后，最后一次涂上的皮革洗剂也终于干了。斯宾塞大法官叫来钱包夫人支付了报酬，随即走出工厂大门。

“夫人！我可是把‘法律上的知识’全部传授给罗比了，要不要遵守它就是罗比的事情啦！”

斯宾塞大法官神秘兮兮地说完这句让人费解的话后，就坐上自己的高级轿车扬长而去。钱包夫人朝着远去的轿车点了点头，似有似无地翘了翘唇角。谁也不知道他们两人之间商量过什么事情。

此时的罗伯特还待在原地，默默地抚摸着手中的钱包。过了一会儿，他拿起之前脱下来的外套，准备出门。

“去哪里？”

“我的心情现在烦闷得很，打算去萨尔加多的店里喝一杯消遣消遣。不过，保罗这个家伙究竟跑到哪儿去了？”

罗伯特烦躁地咒骂起无辜的保罗，紧皱着眉头离开了工厂。钱包夫人看着离去的罗伯特，毫不掩饰地流露出失望的神情，不过罗伯特是不会看到钱包夫人的脸色了。

“布兰森议员和斯宾塞大法官的忠告没有起到作用吗？还是说，这些忠告对孩子们来说太难理解，他们接受不了或者完全做不到？”

夫人扶着工作台，孤独地站在空荡荡的工厂里，开始默默思考起两个年轻人的未来。

罗伯特走出工厂后，沿着横穿华盛顿特区的波托马克河，来到了位于商业街中心的一家酒吧，这家酒吧是他最常来的地方。可能是因为休息日上午，客人较少，酒吧里只有主人萨尔加多和前年退休后就几乎住在酒吧里的皮埃尔先生。身高只有五英尺左右的萨尔加多从座位上蹦起来，和罗伯特打着招呼：

“罗伯特，最近不常来啊。”

“是呀，太多的工作堆积下来了……您给我来一杯我经常喝的吧。”

“OK。”

正当萨尔加多熟练地准备往双层酒吧杯里倒酒时，在旁边醉眼蒙眬地倒酒的皮埃尔望着萨尔加多和罗伯特，说道：

“喂，萨尔加多，你怎么不给罗伯特介绍那种酒？喂，罗伯特！算你运气好，今天正好进了一瓶了不得的酒。”

听着皮埃尔先生用各种修饰词形容那了不起的酒，罗伯特不禁也起了好奇心，不知道是什么样的酒会让他如此推崇：“是什么酒？”

“啊，是上周新进的酒，也是科涅克白兰地的一种。不过，它蒸馏时使用的不是波尔多产葡萄酒，而是采用了皮埃蒙特顶级的葡萄酒蒸馏而成，可以说是意大利版科涅克白兰地。生产的本就不多，所以这次我花了大价钱才购进了一瓶。”

萨尔加多故意用满不在乎的语气说道，不过归根结底还是难掩自己的炫耀之情。罗伯特心痒难耐，顺着萨尔加多的手势，看向了置于陈列柜最顶层的酒瓶。泛着红光的黄金色仿佛在告诉他，这是一瓶“熟透的酒”。

“给我一杯……”

罗伯特不由自主地点了一杯，拿出钱包准备付账。忽然，他看到了斯宾塞大法官刚才递给他的纸条，上面写着的正是斯宾塞大法官的“钱包之法”。大法官把这张纸条送给罗伯特的时候，肯定也希望罗伯特在这种情况下打开它。

展开的纸上写着几段话，字体也如斯宾塞大法官的外表一样端正严谨。

第一条，让钱从钱包里流出去时要三思，把钱放进钱包时则一秒都不要考虑。

第二条，买的不是物品，而是价值。不论多好的东西，如果不符合你的价值标准，那你就连一分钱也不要支付。

第三条，如果最终你无法收回付出的代价，那你干脆就不要打开钱包。

这些话无疑都是警世良言，但是每一条都不容易遵守。首先罗伯特开始想第一条。

“对现在的我来说，买这杯酒真的是必需的吗？现在买这杯酒……现在买这杯酒……并没有那么必要吧……”

接着，他就开始考虑这意大利产的科涅克白兰地到底有没有购买的价值——它比其他的酒要贵三倍左右。

“喝了这杯酒会给现在的我带来8美元的价值吗？”

虽然没有喝过，但他可以肯定，它没有8美元的价值。

“那么最后，我为了喝这杯酒而付出8美元的话，喝完以后还可以收回同等的价值吗？”

不管他怎么想，喝完以后得到的也只是“我也喝到了蛮贵的高级酒”的满足感和味道醇美的酒意。除此之外，他就什么也得不到了。

结论显而易见。

罗伯特合上钱包放入口袋，重新披上外套离开了萨尔加多的酒吧。正准备倒酒的萨尔加多和醉意盎然地劝罗伯特喝酒的皮埃尔先生全都吓了一跳，惊讶地看着罗伯特。

“怎么？你就这么走了？”

罗伯特的步伐比往常任何时候都要坚定有力，毫不留恋地推开门要离开酒吧。

“嗯，不准备喝了。”

“为什么？”

萨尔加多对他的举动大感意外，眼睛里充满了难以置信的神色，这个绝不是他认识的罗伯特呀，竟然能在美酒面前毫不动心？

罗伯特从容地转过身说道：

“因为我现在喝下这杯酒的话，就不符合我的‘钱包之法’了。”

至少从现在开始，罗伯特身上也散发出了有钱人拥有的那种从容和淡定。而且，他说话的声音，充满了前所未有的坚决。

建立魔法钱包的法则

每一次打开钱包时，问自己：

对现在的我来说，买这个真的是必需的吗？

如果没有那么必要，就合上你的钱包。

如果是必需品，那么你再问自己：

这件物品到底有没有购买的价值，比起其他同类物品它更好吗？它的价格是更贵还是更便宜呢？

如果它不值你付出的这个价格，那么就不要购买它。

如果它值这个价格，最后再问自己：

没错，它有这个价值。不过，我为了它而付出了这些钱，使用过后我还可以收回同等的价值吗？

不管怎么想，如果使用过后得到的也只是满足感和虚荣心，除此之外就什么也得不到了，而且存在着可以替代它的使用品，那么，你也就不用打开你的钱包了。

打造你的魔法钱包

把你的金钱梦想贴在每天都会看到的地方。

明确你的金钱目标以及你和它之间的距离，要求自己每天进步一点点。

研究出专属于自己的钱包之法。

将最基本的钱包之法抄下来，放进你的钱包：

第一条，让钱从钱包里流出去时要三思，把钱放进钱包时则一秒都不要犹豫。

第二条，买的不是物品，而是价值。不论多好的东西，如果不符合你的价值标准，那你就连一分钱也不要支付。

第三条，如果最终你无法收回付出的代价，那你干脆就不要打开钱包。

魔法钱包要对你说的……

并不是每个人都有成为富人的资格，不然物价就要涨上几倍了。

树立一个明确的目标可以帮助你培养对钱的热爱。

一定要把这个目标写出来、画出来、贴出来，贴在你的电脑屏幕旁、洗脸池镜子上、冰箱门上、写字台的墙上，确保你每天都能看到它。

——但是，不要把“我一定要自己当老板”的条子贴在你办公室的电脑屏幕旁。

很多人每天都说，我买不起这个，我买不起那个……你说得越多，就越没有钱过来帮你。

能够支配钱包的应该是你的意志，而不是你的欲望。

找出你喜欢的钱包法则，比如你喜欢“吃”而不喜欢“穿”，那么，你就在有价值的美食上花钱，而不用花在衣服和外表上。

——不过出于健康考虑，我还是建议你更多地用在“穿”上，而不是“吃”上。

以上单指消费时的考虑，并不是说你大部分金钱可以投入的方向。

如果你的薪水就只被用来考虑“吃”或者“穿”，那你离有钱人的道路会越来越远。

规则 3

选择打开钱包的时机

如果你懂得使用，金钱是一个好奴仆；如果你不懂得使用，它就会变成你的主人。

——马克 · 吐温

又过了一个星期。

最近，虽然保罗也有所改变，但变化最大和最明显的还是罗伯特。虽然无法指出到底是哪些方面不同，但他的确是和以前有了很大的变化。

首先，他出门的次数减少了很多。

以前的罗伯特每到7点工厂关门的时候，就会立即脱下被各种药水和染料弄脏的工作服，穿戴上漂亮的服饰，跑到外面去找朋友们玩乐。每当这时，保罗都会嘲笑罗伯特是“充满虚荣的家伙”，但罗伯特丝毫也没有将这嘲笑放在心上，依然出去见朋友们。

周末也是如此。一到周末，罗伯特就经常会向那些平时喜欢运动的朋友借车，到野外玩一天。钱包夫人有时也会提出忠告：“偶尔还是要在家里休息一天，好好准备下个星期的工作。”不过这话对罗伯特来说是左耳进右耳出，他依然是我行我素地去快活，最多就是在当时装一个“我知道了，以后一定注意”的态度。到了下一周，罗伯特依然会把每天晚上和周末的时间送给灯红酒绿、吃喝玩乐。

对罗伯特来说，这样的美好时刻还不仅是在周末和夜晚。平时，罗伯特就有一个外号“华丽的罗比”。这个称号的由来其实也很简单，每次聚会的时候，他总要轮流和所有人喝上几轮才会罢休，出手又阔气，能玩能闹，很让大家觉得尽兴。所以不管在任何时候，只要碰上玩伴唤他一声“嗨，这不是华丽的罗比吗？两天不见可真想你”，他就像浑身充电一样振奋无比，被大家称赞“大方”，让他觉得很是骄傲。不论如何，他的性格得到了大多数人的喜爱，但是他自己的钱包却总是干瘪着的。

不过最近，他开始逐渐改变着自己。正确地说，自从和布兰森议员相遇过后，他就开始改变了。刚开始贴上哈雷摩托车的照片并朝着梦想努力工作的时候，保罗和钱包夫人都认为这只是他的心血来潮，很快就会故态复萌，想着“看来他又有了要买的东西，不过这种认真劲儿又能持续几天呢”，但是，罗伯特却出乎他们的意料，用自己的行动证明了他的决心，虽然目前为止只是小小的改变，但他的确是一直在努力。

罗伯特不仅减少了出门次数，消费风格也发生了改变。萨尔瓦多的三明治店是他们经常去的地方，而且每个人都会在那里选择特定的三明治，比如罗伯特就会选择4美元30美分的特制三明治。但不知从什么时候开始，罗伯特也开始选择钱包夫人常吃的火鸡三明治，偶尔也会像保罗一样，选择涂上芥末后再放一张干酪的最便宜的吐司。

对这种变化最感到吃惊的不是三明治店店主萨尔瓦多，也不是钱包夫人和保罗，而是他自己。虽然长时间以来都是他自己在养活自己，但他此前从未想过自己有一天也会过这么简朴的生活。就算是以前钱包干瘪的时候，他也会大手大脚地花钱，而且会自己安慰自己："总有一天，我做出来的钱包也会和钱包夫人做出来的钱包一样著名，那时我就会拥有金钱和名誉，所以就算现在多花点儿钱也没有关系。"

不过，他的这种变化也带来了副作用。

不知从什么时候开始，罗伯特发现自己的性格也在改变。有时候会因小事而发怒，有时还会因琐事而怀疑别人。不仅如此，只要不是迫不得已的情况，他就绝对不会打开钱包，因此周围的朋友们也开始叫他"小气的罗比"了。

因为钱包夫人和保罗今天到路易斯安那州买原皮，所以工厂里只有罗伯特一个人留守。从早上开始，他的情绪就比较低落，无精打采地对着工作台，连午餐都没吃。虽然说一直没有离开工作台，但他的心思根本不在工作上。

早上钱包夫人临去华盛顿杜勒斯国际机场前，把一个钱包的收尾工作交给了他，罗伯特就一直在慢吞吞地做着这件工作。本来30分钟就应该可以完成的，但他却一直在胡思乱想，做了4个多小时都还是没有完成。

“唉，罗伯特啊！好时光都已经过去了！本来想攒钱当个富翁，没成想却被人说成小气鬼，但是总不能回到以前的那种生活吧？一到月末就勒紧裤腰带过日子，只有干瘪的钱包在陪伴着你……只有告别那种生活才是正确的……”

罗伯特在安静的工厂里自言自语着，无精打采地擦着钱包上残留的皮革洗剂，拔掉了缝合线。在进行这些工作的时候，罗伯特忽然发现这个钱包有些奇怪。虽然不能明确指出它和钱包夫人制作的其他钱包有什么区别，但这个钱包却给他一种具有异域风情的感觉。早上拿到钱包以后他就一直神游物外，直到现在才发现了这一点。

“到底是什么呢？是因为这奇怪的字体？”

罗伯特在钱包上发现了一个不认识的字，那个位置通常会刻上预订人的姓名。仔细一看，那个字似乎是个中国字。罗伯特终于确认，就是这个字让他感觉这个钱包有异国特色。

“预定这个钱包的是个中国人？”

现在想来，钱包夫人早上去机场的时候也告诉过他今天会有客人来拜访，而且名字非常特别，叫“天通”。

“天通，天通……这个字就是‘天通’吗？”

就在罗伯特一边翻来覆去地观察钱包，一边喃喃自语地反复说着“天通”时，一位老人推开门走了进来。

“你怎么一直在叫着我的名字啊？”

老人脸上堆满了和蔼的笑容，他的身高似乎还不到5英尺，头发几乎都掉没了，只有两只耳朵旁边还留着一点儿霜色的发，背也有些驼，让本来个子就不高的他显得更加矮小。不过，他有一双比年轻人还炯炯有神的眼睛，声音也中气十足。

“啊，您就是那位今天来取钱包的天通先生吧？”罗伯特下意识地站了起来，微微弯着腰迎接老人。

“你猜得没错，我就是天通。”

老人回答得非常爽快，握着罗伯特的手热情地摇了摇。罗伯特感觉他的手很有力。

“请问您是中国人吗？”

“我虽然出生在这里，但我父亲却是在中国出生后来到美国的。所以，应该说我是华裔美国人。”

他回答时很痛快，这种开朗健谈的性格让罗伯特放松不少。罗伯特将老人引到沙发上坐好，亲自沏了一杯茶递过去，毕恭毕敬地请老人稍候片刻，告知对方收尾工作马上就要完成了。

“等多久都没有问题。既然是钱包夫人亲手做的钱包，那它的收尾工作当然就要花些时间，我愿意为此等待。”

这种事已经不是第一次出现了，罗伯特发现，每一位到这里购买钱包的人，不论是政要、高官还是名人富商，都对钱包夫人非常信赖和尊敬，没有一个人会认为“这只是区区一个钱包而已”。罗伯特猜测，也许是钱包夫人制作钱包时极度认真的态度令人起敬吧。

“您住在这附近？”

罗伯特轻松地和面前的客人闲聊起来。天通先生的裤子很像以前在中国功夫电影中出现的僧侣们穿的那种宽松的僧服，脚下穿的是固定住拇指的人字拖鞋，显得颇为休闲，所以罗伯特才会有此一问。

老人看了一眼自己的穿着，不好意思地解释道：

“呵呵，是不是我穿得太随便了？我住在亚历山大市，只是工作的学校在这附近，所以从研究室出来的时候，就穿了这一身休闲装。”

听到老人的回答，罗伯特才发现自己犯了错误，只好赶紧转移话题。

“您在学校工作的话，是教授吗？”

话一出口，罗伯特就想起了钱包夫人今天早上出门前和他说的话。说到今天有人来取钱包时，钱包夫人没有说“天通先生”，而是说了“天通教授”。

“我在华盛顿大学负责教地理课。我讲的是风水地理，专攻的是带有东方传统特色的地理学。”

不知为什么，天通教授脸上始终挂着笑容，目不转睛地盯着罗伯特熟练操作着的双手。涂完最后一次的皮革洗剂后，罗伯特一边把钱包放到阴暗的陈列柜，一边问道：

“不过，教授，刚才给这个钱包做收尾工作的时候，我发现了一个中国字，那是否就是教授的名字呢？”这个问题其实让他有点不好意思，显得他似乎有点无知。

天通教授疑惑地看了一眼钱包，拍着手恍然大悟道：

“哈哈哈！不是，不是的。我的名字用汉字写的话是‘天通’，是两个字。它在汉语里是‘通往天空’的意思，说实话这个名字可是很不错呦！不过好归好，刻在钱包上的可不是我的名字，那是我专门拜托钱包夫人刻上去的‘时’字，也就是‘时机’的意思。”

“时机？”

“嗯，时机。这也是我带着钱包出门时最重视的字眼。”

“啊，原来是这样……”

对天通教授这种奇特的解释，罗伯特没有兴趣深究下去。留下教授一个人坐在沙发上，自己则朝窗边走了过去。

从刚才开始他就在思索钱包上那个不认识的字，现在连头都在隐隐作痛，索性起身，将窗子打开。迎面吹来的带着树叶清新味道的凉风让人非常惬意。这样既可以等着钱包上的皮革洗剂晾干，也可以呼吸一下新鲜空气。外面的天空已经开始变黑了，罗伯特不无羡慕地看着一对对穿着得体的男女正朝着繁华街道走去。

“哎……”罗伯特不由自主地叹了一口气。

和布兰森议员见面后，他就树立了“攒钱当富翁”的明确目标，而和斯宾塞大法官的相遇，则让他学到了制定“我的钱包之法”的必要性和不符合钱包之法就不打开钱包的道理。但是这么一来，他发现生活变得无趣而难以忍受。他觉得如果生活一直都这么累，一直和身边人隔着一堵墙的话，自己肯定会很快累倒，而之前的努力也会付之东流。如果开始小笔小笔地花钱，暂时是没什么，但他又怕自己回到原来大手大脚的生活中，因此也不敢轻易尝试。

“那个，您能给我拿一张纸吗？”

安静地坐在沙发上的天通教授忽然请罗伯特拿一张纸给他。

罗伯特取出一张设计钱包样式时使用的白纸，在天通教授面前的茶几上展了开来。

“再请你拿一支笔。”

虽然他的要求有些多，但罗伯特还是拿出一支水性圆珠笔递给天通教授。

“不忙的话，就请您坐在这里吧。”

拿纸和笔的时候，罗伯特还以为天通教授是想记笔记，可是现在看来不是那么回事。

“我是一位富翁。”

罗伯特一坐下去，天通教授就说了这么一句话。这让罗伯特太意外了，他一时想不明白教授为什么这么说，只能睁大双眼，从头到脚重新审视教授。

但是不论怎么观察，罗伯特都无法从教授身上看出他刚才自信满满地说出“我是富翁”这句话的根据。不仅如此，教授身上反而处处透出一种“贫穷学者”的气息。天通教授没有在意罗伯特的目光，脸上保持着宽厚的笑容，继续说道：

“我的确算是一个富甲一方的有钱人。亚历山大市里第二大的房子就是我现在住的地方。虽然是小型建筑，但是占地面积却非常广。如果单论占地面积，我的房子就算是在华盛顿市，可能也是最大的房子了。”

罗伯特猛然想起曾经和萨尔加多聊过的话题。当时在酒吧里，罗伯特和主人萨尔加多就“谁是华盛顿最大富豪”的问题有过交流，萨尔加多曾说，华盛顿大学有一位姓陈的华裔教授非常富有，他家的占地面积堪比农场，住宅仿若中世纪的古城，手头持有的现金也是数量惊人。不仅如此，他收藏的中国古董虽然还不足以建立可以和史密森尼博物馆媲美的大型博物馆，但是建一座普通博物馆还是绰绰有余的，其中更是有一些无法用金钱来衡量的国宝级古董，那些丰富的宝物绝对能让所有人大开眼界。萨尔加多当时所说的“陈教授”，可能就是天通教授了。

“教授，您就是那位赫赫有名的陈教授？”

听到这个问题，天通教授呵呵笑着说道：

“哈哈哈！对，你说得对。陈天通，这就是我的名字，就是那个非常有名的有钱教授，哈哈。”

罗伯特忽然发现，这几天遇到的富翁比自己20多年来遇到的还要多，这不得不说是一件奇妙的际遇。而且他没有想到，陈教授居然是一位这么独特的富翁，至少从外表根本看不出他哪一点像有钱的样子。

“我真没有看出来，您竟然就是那位华盛顿鼎鼎大名的陈教授……”

“看不出来那是当然的，在我这一生当中，穿的衣服从来都没有超过10美元的。现在穿的衣服也是去洛杉矶参加学会时在附近的跳蚤市场买的，上衣和裤子加起来也才3美元55美分。怎么样？是不是很不错？哈哈哈！”

陈教授撩起上衣，连连赞扬这件衣服的性价比高，但在罗伯特看来却并非如此。这件衣服不仅有几处拆线的地方，甚至还有很多脱色的痕迹，可能是因为质量不过关，也可能是洗涤时太过马虎的原因。但不管怎么说，这样的衣服根本不符合一位教授的身份。不过眼前的陈教授似乎也没有自我解嘲的意思，他好像是真的很满意自己的衣服。

“怪不得，正因为这么节俭，您才能攒越来越多的钱，从而积累到这么多的财产吧。不过据我所知，虽然不知道您在穿着方面为什么这么节俭，但听说您的房子可是非常富丽堂皇。这是不是有点儿矛盾呢？某些地方您比工薪阶层还节俭，有些地方却又很讲究，奢华到了令一般人瞠目结舌的地步。”

话一出口，罗伯特又不禁暗叹一声糟糕，他觉得自己最近怎么总是问一些没礼貌的话。这可能是因为最近开始省钱以后，对别人的发财之道不知不觉变得更加敏感的缘故。不过从陈教授的表情来看，他并没有放在心上。

教授缓缓开口道：“我的表现在一般人眼里的确是非常奇怪

的，而且自相矛盾。但我认为，这恰恰是大部分有钱人打开钱包花钱时最有效的判断标准。我让你拿纸和笔过来，就是要让你了解清楚这一点。”

说完，教授就认真拿起笔，在干净的白纸上写下了一个字——

“时”。

这个字正是罗伯特之前在钱包上看到的字。刚才听陈教授说这个字不是名字以后，罗伯特就一直想知道它的含义和刻在钱包上的理由，几次想要开口提问来着。

陈教授继续讲道：“普通人认为，想要成为富翁就要做到三点，一是赚很多钱，二是好好攒这笔钱，三是用攒起来的钱进行投资或从事商业，从而让钱生钱，越赚越多。但是对富翁来说，除这三点之外，还有一件需要优先考虑的事情。”

“比赚钱还要更优先考虑？”

“是的，可能也比赚钱更重要，那就是……”

“就是……”

“认真地花钱。”

“认真地花钱？”

“嗯，是的。人类从一诞生就在群体中，没有人可以独立完成所有的事情。想要让自己衣食无忧，必然要接触更多的人来获取金钱，然后再通过钱这个工具，从别人那里得到更多自己需要的东西。赚钱可能是‘意志’问题，但是花钱却是‘本能’的问题。也就是说，我们要善于控制比意志更早出现的本能，并很好地利用它，这样才可以成为富豪。”

陈教授的回答清楚明了，不愧是经常给学生上课的教授。罗伯特沉浸在教授的话语里，仔细回味着，忽然他又想起了从记忆中短暂消失的汉字“时”。陈教授仿佛也猜到他对“时”的意义的好奇，继续说道：

“一般来说，这个‘本能’会造成很多问题，因此，一般人掏出钱包的时机是由每个人的判断标准来决定的，觉得这时候我该付钱了或者这个东西我应该买下——这个付钱的时机说到底还是个人判断的。而有钱人决定打开钱包时，通常还会考虑到更合适的‘时’。”

“这个‘时’到底是什么意思呢？”

“简单地解释一下就是‘时机’的意思。”

“这句话您刚才已经说过了，是花钱的时机，而且这是谁都知道的吧？每个人在花钱时不是都会考虑到时机吗？”

“你说得不错，但有钱人打开钱包的时机要比普通人更加明确，遵守‘时’也会更加彻底。”

陈教授特意在那个字上多描了几次，让它的每一个笔画都变得粗重而深刻。

“给你讲一个曾经发生在我身边的故事吧！”

陈教授停止描字，开始讲起了故事。罗伯特忽然发现此时的陈教授和刚才完全不一样，仿佛是传说中的魔法师跳到现实中，告诉人们一夕致富的仙法。

“这是我大学毕业后在一家企业的附属研究所工作时发生的事情。当时，我有两个非常要好的朋友。因为我们年龄相近，在研究所里的关系也特别好。不过，研究所里的人对他们两个的评价完全是天上地下两个样儿。一个人被认为是非常慷慨的同事，很受大家的欢迎，而另一个则被当作小气又不会炒热气氛的闷人，谁都不喜欢和他在一起。”

“应该是一个人很会对同事们花钱，经常慷慨解囊，而另一个人就是吝啬鬼吧？”

罗伯特满脸不以为然，认为教授把一件司空见惯的事情说得像什么秘闻一般。这样的人很常见，花钱大手大脚就被同事们喜欢，舍不得花钱的当然也得不到周围人的好评价啦。看着罗伯特的表情，陈教授的笑容起了很微妙的变化，他上翘的嘴角仿佛是在说罗伯特你根本猜错了。

“你可能会想当然地那么认为，但事实却完全相反。最后的时候，被认为慷慨的同事积攒下来了很多储蓄，而被认为小气的同事则几乎一点儿存款都没有。”

本来懒懒地斜靠在椅子上的罗伯特猛地挺直了身体，一脸惊讶地问道：

“这是真的吗？这简直就是不可思议啊！”

陈教授没有立即回答，反而又开始描起纸上的字来。经过这么几次的描画，那个字也变得比原来粗了两倍。

“其实都多亏了这个‘时’字。”

陈教授娓娓道来那位获得慷慨评价的同事的秘诀：

平时和一两个同事见面或在休息室聊天时，他绝不会先买水和饮料。在酒席上也是如此，他绝不会积极地要求付账，也不会请别人换个地方继续喝酒。但是，偶尔有部门会议或集体会议的时候，他一定会给部门内的所有员工买饮料，结果就是部门成员异口同声地称赞他的慷慨。他并不是每次都会掏出钱包，却会挑选合适的机会来表现自己。花的钱和别人一样，甚至还更少，但是因为他懂得花钱的时机，结果就是不仅没有被认为小气，还被人当作是很豪爽大方的同事，因此在职员中拥有超高的人气，全公司都知道他慷慨的美名。

一听到这个解释，罗伯特开始回想自己最近的举动。自从一心想成为有钱人而合上钱包以后，盲目地攒钱不仅打乱了自己生活的步骤，而且正在迅速失去周围人的友情。

教授接着说：“大部分富翁都会充分考虑时机，然后再决定攒钱或花钱。只要掌握好时机，我们就可以用少量的钱获得更有价值的东西，如果错过时机，我们就有可能用同样的钱也得不到什么有价值的东西，甚至还有可能会亏损。”

俗话说先机夺人，把握好时机就是成功的关键。罗伯特虽然承认陈教授说的“时机”有一些道理，但还不能轻易相信时机在理财中真的占这么重要的位置。难道只要花钱时选择好时机就可以成为富豪？这样的话，岂不是人人都有机会发财吗？

“那我介绍一下我自己的经历吧！”教授看出了他的困惑，主动解释起来，“大约35年前，美国的经济可以说是极度混乱，市场长期低迷，整个社会都呈现一种惨淡窘迫的氛围。人们不约而同地勒紧裤腰带过紧巴巴的生活，尽量减少消费。不过有钱人就不一样了，他们反而在努力花钱。普通人认为经济不景气时应该再节省一些，但是富豪们却觉得，这时候才是可以用极小的代价获得更高价值的机会。”

看起来陈教授似乎是想通过35年前的事情来告诉罗伯特

答案。

“他们一直在等待着打开钱包的时机，而且时机一到就毫不犹豫地打开了钱包。”

35年前，令富翁们打开钱包的一个重大时机是购买黄金。油价波动导致物价变化时，他们判断黄金在将来肯定会大幅度增值，从而开始大肆收购黄金。

“那时候紧紧合着钱包的人虽然可以留住积蓄，但是却变得更穷了。”

陈教授之前讲的道理是放之四海而皆准的，罗伯特也逐渐开始理解他所说的“时机”的意义。可是这句话却让罗伯特重新陷入了苦恼中，很是费解为什么攒钱也会变穷。

“之前您说的话我是听明白了，可是您刚才说的那句‘合着钱包却变得更穷’我却怎么都无法理解。”罗伯特发扬刨根问底的精神，继续向教授求教，“既然合上了钱包，那钱就不会流失，但是您为什么要说他们变得更穷了呢？”

陈教授大声笑了起来，那洪亮的嗓门实在和他的身形不符。他前仰后合的样子多少有些滑稽，完全不顾形象地笑着，说：

“这是当然了！他们是没有什么变化，但是像我们这样挑准时机打开钱包的人却变成了富豪，所以相比之下，他们难道不是变得更穷了吗？”

陈教授的意思很明显，和那些挑准时机打开钱包的人相比，紧捂着钱包的人虽然没有损失，但也没有得到什么，在别人越来越丰厚的财产面前，的确是显得更贫困了。

“你知道35年前一盎司黄金价值多少吗？大概有35美元。但是你知道隔了一段时间后，同样的一盎司黄金又值多少了吗？也不多，就700～800美元吧。”

罗伯特惊讶得合不拢嘴，暗想：“就算过了很长时间，货币升值贬值额度大，可是20倍也太夸张了吧？”

陈教授没有理会罗伯特的惊讶，对他来说这种金钱上的涨幅根本不算什么：

“两个人虽然将同样的钱放入了钱包，但随着他们打开钱包的时机不同，其中一人的钱变成了原来的20倍，而另外一人却没有什么变化，相对来说反而是变成了1/20。”

罗伯特忽然发现自己刚才光顾着惊讶，忘记问了一个很重要的问题：“那教授当时也是买进了黄金，然后变成了富豪吗？”

出乎意料地，陈教授摇了摇头。

“没有，我并没有买黄金。”

看起来，陈教授至少在当时是没有看准这个“时机”打开钱包。罗伯特不禁后悔地想到：

——哎呀，我不该提这个问题的！

他觉得自己唤醒了陈教授遗憾的记忆。陈教授闭着眼睛沉默着，仿佛陷入了回忆中，片刻后他就睁开双眼，面露调皮的笑容，说道：

“当时我没有买黄金，我买的是金矿。”

“金矿？”

“当时黄金价格暴跌，很多金矿都因投资和收入不成正比而纷纷选择了关门大吉。当然，当时也有很多富豪看到了投资机会而开始购进金矿，只是金矿依然属于鲜有人问津的产业。不过我认为，金矿虽然暂时是赚不了钱，甚至还会赔钱，但是既然有这么多富翁开始购买黄金，那么黄金价格肯定也会迅速回升，而现在关门的金矿中肯定也有能赚钱的金矿。所以我就用非常低廉的价格买下了位于爱达荷州的金矿的采掘权。”

陈教授的这段经历比很久以前看过的中国武侠电影还要令人惊心动魄，罗伯特情不自禁地被教授的故事吸引住了。

“可想而知，世道终会有转机，结果不到五年，黄金的价格就开始急速攀升，而我的金矿也重新开始采矿，不仅盈利越来越多，而且给我带来的巨大的利润，让我成功地跻身于真正的富豪队伍。”

“您赚了多少？”

"我刚才说那些买了黄金的人在十数年的时间里获得了20倍的利润，是吧？"

"是的。"

"我获得的利润少说也有他们的三倍。"

"60倍！"

罗伯特惊讶得很久都合不拢嘴。原来，钱是这么赚到手和溜走的啊！罗伯特忽然觉得自己很傻，之前竟然以为一直把钱存起来，紧紧合着钱包才有机会当一个大富翁。

陈教授意味深长地看了他一眼："有合适的时机时，我们就要果断地打开钱包。虽然不打开也不会损失什么，但是却永远都没有发大财的资格。"

"不过，像我这样的普通人很难发现这种合适的'时机'吧？"

"当然不容易了，但世上无难事，只怕有心人。只要留心观察，谁都可以发现这个'时机'。"

存款绝对不是发财的唯一出路。许多人为了安全、方便，选择了存款，凭借着那一点点利息去苛求这个世界不要变化。如果拿去投资，只要懂得"时"，就有收获。况且在投资的过程中，还可以不断提高自己的投资能力，锻炼自己的判断力。想到这些，罗伯特已经开始动心了。

“您能不能说得具体一些？”

“这个嘛……这其实很难说明的，这是要在生活中慢慢懂得的道理。不过我认为，最简单的方法就是不要错过代表‘时机到来’的三种信号就可以了。”

“有三种信号可以判断吗？”

纸张虽然是罗伯特拿给陈教授的，可是现在它已经被罗伯特拿过来作为笔记了。罗伯特非常认真地听着陈教授的话，似乎还要把每一句都记到纸上。

“第一个信号是人，每次都是人比钱先动的。无论是赚钱还是花钱，你需要注意的并不是金钱的流向，而是人的流向。如果你想要看到了金钱的流向再采取行动，那你每次都会比别人晚一步，就像是别人进去大吃大喝一顿后你才进来给人清洁盘底一样。”

“人的流向？”

“投资的时候，人们通常都会注意到那些让金钱集中起来的地方，比如说听到‘某人在某方面投资成功了’之后，人们就会蜂拥而至。不过在多数情况下，他们跟随着潮流涌到别人致富的道路上时，财富已经被先来的人拿走了。而有远见的富翁们注意的则是人的流向，比如人们的生活方式有何变化、同一地区中人们的交通线有何变化、居民的居住区和活动范围发生了何种变化等，然后才会决定打开钱包后是进行投资还是消费。通常，能赚钱的地方肯定会出现人们的异常举动。”

罗伯特叹了口气，说道：

“不过像我这样的人想要发现这一点，几乎是不可能的事情吧？”

“肯定会很难的，并不是谁都可以成为富豪的嘛。可是，你为什么就不想为了赚钱而训练自己呢？”陈教授敛起笑容，严肃地说道。此时的陈教授仿佛也在散发着立于讲堂上时的威严气息。

“一般人用少量资金投资股票的时候，早上拿起报纸后做的第一件事情就是看股价，而这就是典型的观察金钱流向的行为。如果是我，我会依次选择文化版、社会版、政治版，最后才去看刊登股价的经济版。阅读时，我还会观察在阅读文化版、社会版和政治版后我对股价做出的判断是否正确。如果你按照这种阅读方式坚持看六个月报纸，那你就不用打开经济版也知道当日股价的大体情况，同时脑海中也会有经济动向的大致趋势图。”

罗伯特迅速地将陈教授的每一句话记到纸上。随着对财富的关心与日俱增，最近罗伯特拿起报纸后首先阅读的正是经济版。但是不论怎么阅读，他都没有发现对致富有帮助的信息。原来财富的信息不只写在经济版面，更可能隐藏在人们的生活中。从一点儿小事上找出它背后所关联的利益，这就是成为富翁所应该拥有的敏锐。

“第二个信号就是‘0’。钱是很神奇的东西，如果有一方升上去，那肯定有一方是降低的，而‘0’就是均衡点，这个均衡点就是会带来金钱流动的又一个瞬间。如果你在这一边获得了利益，那你就要关注另一边的动向。任何事物都有其关联性，这边一直在上升，同时也意味着对称的另一边也将会在不久之后上升。因此，与其加入正在上升的这一边，还不如时刻关注对面，看好对面上升的时机加入进去。”

罗伯特觉得有关抓好“时机”的第二个信号有些难以理解。

“比如说股票在涨的时候，我就要时刻准备打开钱包购买房地产里，您说的是这个意思吗？”

陈教授用力拍了下双手，高兴地说道：

“虽然不是很正确，但也差不多了。如果股票让很多人赚到了钱，那肯定也有很多人是因为股票而亏了钱，而他们为了挽回损失就会寻找另外的商机。这个瞬间就是即将发生的金钱流动的瞬间，而在这个瞬间决定将钱投入到某方面，就会决定你盈利与否。找到正确的方向投资，你将会大把大把地赚钱，如果你的眼光出了错，当然就会亏钱。所以，一定要多锻炼自己的观察力和对金钱的推理能力。”

罗伯特虽然觉得难以理解，但还是下笔飞快地记下了陈教授的话。这样一来，他以后也可以慢慢琢磨，没准哪一天自己就能把教授的意思融会贯通了。

“开始的时候你可能处于初级阶段，也就是股票上升时琢磨着什么时候从股票撤资转而投资房地产，这只是初级。但是只要你继续努力，总有一天你可以发现股市中将有哪些股票会上升，而又有哪些股票会下降。富豪们就是在那种决定性时刻才会打开钱包的。”

也许还不能够完全掌握这些道理，但罗伯特已经开始逐渐理解陈教授所讲的第二个信号的含义了。

接下来要讲的是第三个信号。虽然还没有说出“第三”，但陈教授知道罗伯特的双眼已经充满了对第三个信号的期待。陈教授沉默了片刻，等着罗伯特的这个期待在心里累积到最高点的时候。当罗伯特已经把浑身上下所有器官都调动起来，专心致志地等着讲出第三个信号时，才是陈教授的最佳开口“时机”。

罗伯特自己忍不住先开口道：“那第三个信号是……”

仿佛就是在等这句话，陈教授马上接下去讲：

“第三个信号就是抛物线。很多人看到的只是钱流入流出的每一个瞬间，因此认为钱的流动是由点组成的。有一定经济知识的人因为可以看出某种趋势，会认为这种流动是直线。但是，富豪们却可以看出由这些点汇聚而成的最终图案，也就是抛物线。这个抛物线，就是表示‘时机’到来的信号。”

罗伯特想起了曾经看过的一篇新闻：一般投资者决定投资与否时的根据是“与前日相比”“与最高点相比”等短期的现象，而成功的投资者则根据长期趋势来决定投资与否。陈教授刚才的话似乎就是这个意思。

陈教授继续说道：“金钱的流动最终都是一条抛物线。只要能看出这个抛物线是在下落还是在升高，你就可以判断这个‘时机’是应该打开钱包还是合上钱包。”

听完这番话，罗伯特才发现这些是非常浅显易懂的道理，但是每一条又都那么富含哲理，在小事上蕴含着最实际的规律，一定不能忽视。

就在罗伯特陷入短暂的思考时，陈教授拍着手叫道：

“好了！现在课也讲完了，如果钱包的收尾完成了的话，就把新钱包给我吧。现在似乎也到了拿着新钱包回家的‘时机’了。”

罗伯特仿佛这才想起陈教授是工厂的客人，差点儿就以为自己正在课堂上接受指导。他连忙拿起放到一边刻着“时”字的钱包，小心翼翼地用漂亮的羊皮纸包好以后递给了陈教授。接过新钱包，陈教授表现得仿佛孩童一般雀跃。

“好了，既然办完了我的事情，也办完了钱包夫人交代的事情，是时候离开了。”

陈教授从沙发上站起来，拖着快要掉下来的拖鞋向门口走去。

“您说的是什么意思？什么是‘钱包夫人交代的事情’？”

看到陈教授已经伸手抓住了门把，罗伯特焦急地问道：“钱包夫人交代给您的到底是什么事情？”

陈教授没有做声，只是回头神秘地笑了一下，然后就疾步走出了工厂。

罗伯特默默地注视着陈教授的背影，半晌后才回过神来。下一刻，他一转身就看到了陈教授刚才写下的“时”字，那个笔画变得格外粗的汉字。

“时！”

等待打开魔法钱包的时机

为了想赚钱而训练自己投资，就和为了出国留学而每天努力学外语一样必要。

工作以外的时间应该用来做一些更有意义的事情。

等待打开魔法钱包的时机，而不是一直捂着你的钱包。

普通人认为经济不景气时应该再节省一些，但是富豪们却觉得，这才是可以用极小的代价获得更高价值的机会。

普通人认为想要成为富翁就要做到三点：一是赚很多钱；二是好好攒这笔钱；三是用攒起来的钱进行投资或从事商业，从而让钱生钱，越赚越多。但是对富翁来说，除这三点之外，还有一点比赚钱更需要优先考虑的事情，那就是认真地花钱。

赚钱可能是“意志”问题，花钱却是“本能”的问题。我们要善于控制比意志更早出现的本能，并很好地利用它，才可以成为富豪。

无论是赚钱还是花钱，需要注意的并不是金钱的流向，而是人的流向。如果你想要看到了金钱的流向再采取行动，那么你每次都会比别人晚一步。

一般人用少量资金投资股票的时候，早上拿起新闻报纸后做的第一件事情就是看股价，这就是典型的观察金钱流向的行为。而富人不用打开经济版也知道当日股价的大体情况，同时脑海中也会有房地产和经济动向的大致趋势图。

钱是很神奇的东西，如果有一方升上去，肯定有一方是降低的，而“0”就是均衡点。这个均衡点就是会带来金钱流动的又一个瞬间。

如果股票让很多人赚到了钱，那肯定也有很多人因为股票而亏钱，而他们为了挽回损失就会寻找另外的商机。这个瞬间就是即将发生的金钱流动的瞬间，在这个瞬间决定将钱投入到某方面，就会决定你的赢利与否。找到正确的方向投资，你将会大把大把地赚钱，如果你的眼光出了错，当然就会亏钱。所以，一定要多锻炼自己的观察力和对金钱流向的推理能力。

刚开始你可能处于初级阶段，也就是股票上升时琢磨着什么时候从股票撤资转而投资房地产，这只是初级。但是只要你继续努力，总有一天可以发现股市中将有哪些股票会上升，哪些股票会下降。富豪们就是在这种决定性时刻才会打开钱包的。

打造你的魔法钱包

认真地抄下这三点，放在你的魔法钱包里，这是可以打开魔法钱包的三个时机的信号：

第一个信号：注意人的流向。比如人们的生活方式有何变化、同一地区中人们的交通线有何变化、居民的居住区和活动范围发生了何种变化等，然后再决定打开钱包后是进行投资还是进行消费。通常，来钱的地方肯定会出现人的异常流动。

第二个信号：注意“0”这个均衡点。如果你在这一边获得了利益，那你就要关注另一边的动向。任何事物都有其关联性，这边一直在上升，就意味着对称的另一边也将会在不久之后上升。因此，与其加入正在上升的这一边，不如时刻关注另一面，看好它上升的时机加入进去。

第三个信号：注意金钱的抛物线。有一定经济知识的人因为可以看出某种趋势，会认为这种流动是直线。但是，富豪们却可以看出由这些点汇聚而成的最终图案，也就是抛物线。这个抛物线，就能帮助你判断“时机”。金钱的流动最终都是一条抛物线。只要能看出这个抛物线是在下落还是上升，你就可以判断这个“时机”是应该打开钱包还是合上钱包。

坚持看六个月报纸，顺序依次是文化版、社会版、政治版，最后再去看刊登股价的经济版。并且在阅读文化版、社会版和政治版后，自己对股价作出判断，再去看经济版验证自己的判断正确与否。

一般投资者决定投资与否，根据的是“与前日相比”“与最高点相比”等短期的现象，而成功的投资者根据的则是长期趋势。

魔法钱包要对你说的……

这一章看起来很难，对不对？很多东西有点儿难以消化。但是如果你想真正赚大钱，就必须学习和实践；也就是说，你休想在不好好学外语的过程中学好外语，就是这样。

财富的信息不只写在报纸的经济版面，更可能隐藏在人们的日常生活中。从一点儿小事上找出它背后所关联的利益，这就是成为富翁所应该拥有的敏锐。

每天晚上和周末都出去玩乐，除了损害自己的金钱以外，对自己的未来也是一种损害。

有时在家休息一天，对身体非常有益。

只要有努力，就会有改变，哪怕每天只有一点点的改变，也是可以的。

吃喝玩乐的朋友才不关心你的财政问题，他们也不会希望你赚大钱——除非是用在了他们身上。

简单的生活往往是最美的，最好的东西往往都是免费的，比如阳光、绿树、清水，比如在草地边散步、与家人拥抱、呼吸新鲜空气。

工作时认真的态度可以打动任何人，包括你的老板，所以认真地工作吧。

那么认真地花钱呢？毫无疑问，这会打动你的金钱。

盲目地攒钱不仅会打乱你生活的步骤，也会使你渐渐失去周围人的友情。

大部分富翁都会充分考虑时机，然后再决定是攒钱还是花钱。

有钱人打开钱包的时机要比普通人更加明确，遵守“时”也会更加彻底。

有合适的时机时，你就要果断地打开钱包。

仅靠存钱而发财的人，这个世界上寥寥无几，足见这个方法是不可靠的。

规则 4

重要的是你把钱花到了哪里

只要勤奋，肯去求知，肯去创新，对自己节俭，对别人慷慨，对朋友讲义气，再加上自己的努力，迟早会有所成就，生活无忧。

——李嘉诚

保罗正站在大门紧闭的银行门口。

今天是休息日。一大早起床以后，他就想出来吹吹风，漫无目的地走在华盛顿的街道上，等他回过神来才发现，自己已经习惯性地站在工厂附近的银行门口。这里是他经常来的地方，每个月他都会来这家银行，给住在意大利的家人寄去生活费。

保罗略显茫然地望着眼前厚重的双重大门。

以前来的时候，这里都是大门敞开，灯火通明，此刻眼前大门紧闭的银行让他觉得非常陌生。

保罗发现，罗伯特最近似乎兴致总是那么高昂。忘记是哪一天了，自从他找出一张摩托车照片贴在自己的工作台作为目标后，罗伯特这家伙就不仅很少去酒吧，工作起来也比以往任何时候都更加聚精会神。重要的是，他不仅工作认真，而且是在很愉快地工作。开始几天他看上去还一脸郁闷，可是从几天前开始就变成了一脸笑容，而且是比以往任何时候都要开怀的笑容。以前的罗伯特，一有钱就会在第一时间花光，然后就开始怨天尤人、不停地抱怨自己的钱不够用，但最近保罗却经常看到他专注数钱的样子。不仅如此，罗伯特好像还只在必须花钱时才会打开钱包，这个样子和他以前真是有天壤之别。

在保罗看来，这样的罗伯特只能算是一个刚懂事的弟弟。在几年前，保罗就已经在做罗伯特现在做的这些事情了。

虽然从很多年前就懂得了钱的重要性，并一直在认真地攒钱，但是现在的保罗也几乎没有什么积蓄。在这一点上，他和曾经挥霍无度的罗伯特是没有什么区别的。

可能就是因为这个原因，最近保罗的心情越来越差。今天他还借着休息日的理由睡了个懒觉，躺在床上懒洋洋地想着自己的现状，却始终没有想出个头绪。起床后，保罗又漫无目的地出来散步，最终却习惯性地来到了银行门口。

不知过了多久，保罗终于对眼前大门紧闭的银行感到了厌倦，转过身背对着银行，带着颓然的情绪茫然望向对面的马路。一位身着得体高级外套的绅士正走出教堂门口。在他的身后有一对夫妇，也穿着材料做工都颇为考究的正装，他们牵着两位子女的手，连这两个小孩的衣着也都处处透露着他们高贵的身份。看着这些人从高雅肃穆的教堂走出来，保罗的目光不由得被他们吸引。这时，一辆鲜红色的跑车呼啸而过，保罗敏锐地发现，它的坐垫都是用顶级的水牛皮制成的。

有些人怎么攒钱也一辈子都当不上富翁，有的人却可以享受奢华的人生，钱怎么花都花不完。为什么差别这么大呢？我就没有成为有钱人的机会吗？！

唉，保罗随即觉得想这些也没用，郁闷地重新转过身，失神地看着银行的玻璃大门，看着玻璃大门映出的自己落魄的身影。

因为今天是周末，他出来时还特意打扮了一下，穿上了压箱底的好衣服。可是现在，无论怎么打量自己，他都觉得，别人一眼就能看到他身上贴着“意大利出身的穷鬼移民”的标签。

“我也想成为有钱人，当那种真正的大富翁啊！我也想成为富人，组建一个美满幸福的家庭，可以像别人一样活得逍遥自在。可是，怎么样才能成为有钱人呢？为什么我的钱包总是干干瘪瘪的？”

就在保罗沮丧地低下头时，又有几个穿着高级套装和礼服的人从他身边走过。

突然，保罗看到自己的眼前停下了一双擦得油亮的皮鞋。

原来，有人在他面前停下，站在了他的面前。只一眼，保罗就判断出对方穿的是顶级皮鞋。他常年和皮革制品打交道，这点儿眼力还是有的。但据保罗所知，他应该不认识穿得起这种名贵皮鞋的人。

保罗缓缓抬起头来，映入眼帘的是一位略显消瘦的中年绅士，保罗觉得对方有些面善，但肯定称不上熟悉。

绅士先和他打了个招呼，说道："那个，您是不是保罗先生？钱包工厂的……"

他一口叫出了保罗的名字和上班的地方，显然是认识自己的人。可是保罗怎么也想不起这位绅士的名字，只是觉得确实有似曾相识的感觉。

"对不起，您认识我吗？"

绅士有一头浓密的卷发，眉毛像乌木一样黑，蓄着很好看的胡子，看起来是典型的意大利移民的后代。保罗也是从意大利过来的，因此更加觉得对方和自己肯定有些渊源，但不知是太健忘还是最近烦心的事情比较多，他还是一点儿都想不起对方的名字、身份和地位，究竟自己什么时候见过他呢？哎呀，真是越想越糊涂。

中年绅士浅笑着，轻轻拍了拍保罗的肩膀，主动介绍自己：

"喂，好好的一个年轻小伙子，怎么记忆力这么差呢……是我，佐丹奴。你还记得你刚进钱包工厂时的事情吗？"

听了这话，保罗恍然大悟，拍了下手掌连忙点头称是。

这可真是遇到了熟人呢！

眼前这位佐丹奴先生，可以说是意大利南部的移民者中最为成功的人之一，就是在家乡，他的名气也相当大。

青年时期，他学习刻苦，从芝加哥大学经济学院毕业后，在瑞德集团、高盛公司等投资银行工作过。后来独立出来创业，开了一家私人的风险投资公司，并逐渐发展成为资产达数十亿美元的资产运营公司。

保罗还记得，眼前的佐丹奴会长和自己的亲戚阿普瑞德叔叔是很亲密的好友，在他想要进入钱包工厂时，佐丹奴会长还无条件地为他做了担保，原因仅仅是阿普瑞德叔叔的一句请求。

保罗这才后知后觉地冲他点头行礼。

“你这人，现在终于想起来了吗？这段日子过得还好吗？钱包夫人的身体也应该还挺好的吧？……”

佐丹奴会长接连提出了一大串问题，保罗顾不上一一回答，只能一会儿点头一会儿又摇头。

“前些日子，我还去工厂想要给我的大儿子订一个钱包做礼物，那时候还记挂着去看看你呢，不过那天你正好去市场收购原皮去了。那次，钱包夫人一个劲儿地对我夸奖你呢，说你实力越来越强，进步得很快，已经是她的得力助手啦！”

佐丹奴会长舌灿莲花，对着保罗说了一连串的恭维话，不愧是典型的意大利人。不过保罗的反应明显就比较平淡了，他只是礼貌性地微微浅笑着，一直没有做声。

佐丹奴会长也发现了保罗的不对劲儿，收住话头认真审视保罗。佐丹奴会长的目光炯炯有神，视线仿佛可以穿透外表看到人的内心一样，让保罗几乎没有勇气直视他的目光。虽然佐丹奴会长的目光并不十分犀利，甚至还散发着温和的善意，但他的眼神是如此坚定，不怒而威。即使他看上去和蔼可亲，也绝没有任何人敢小觑于他。

“刚才就很想问你了，你是不是有什么烦心事？”

虽然两个人才见面不久，佐丹奴会长却仿佛对保罗已经有了很深的了解一般。

而保罗呢，也不想回避自己的苦闷，更不想搪塞这位和善的长者，于是说：“您看到那些人了吗？”

佐丹奴会长沿着保罗指的方向望了过去，那里有很多人正在享受假日的阳光，惬意地在街上欣赏着风景，和家人一起手拉着手悠闲地散步。

“很多人都会在假日里安心享受休假，但我却不能。忙是一个原因，但更重要的是，我不能把钱浪费在这些方面，我根本没有多余的钱来浪费。虽然如此，他们却比我更加富有，而且越来越富裕。但是，我无论怎么努力工作，却都不能让钱包像他们的那样永远鼓鼓囊囊的。这是为什么啊！”

保罗越说越激动，可是佐丹奴会长却微笑着一言不发，只是若有所思地看着保罗指着的那一群人。

佐丹奴会长的态度让保罗大受刺激，他一股脑地把自己的处境和对命运的不公诉说了出来：对于金钱的困惑，对于人生前景的迷茫，对于自己始终囊中羞涩的现状，等等。等他一气儿说完之后，发现佐丹奴会长好像还是那种事不关己的样儿，也没有想发表一下意见的表示。这让保罗很郁闷，终于忍不住把火气撒到了佐丹奴会长的身上：

“我向你诉苦，也只是抱着万分之一的希望，以为您这样的人可以多少给我指点一下迷津，但我现在发现，您果然还是不能理解我这种人的处境啊。对不起，浪费了您的时间在这儿听我抱怨。”

保罗知道自己的话有点儿阴阳怪气，但他已经顾不得了。他再没有心思继续留下来，随意和佐丹奴会长道了一声再见，就朝着钱包工厂的方向走去。就在此时，佐丹奴会长快步赶上了他，说道：

“喂，你现在是要回钱包工厂吗？我正好也和钱包夫人约好了，下午要去她那里取钱包呢。不如我们结伴同行吧，顺便也聊聊天。”

保罗没有做声，只是点了点头。看起来，他的确对佐丹奴会长刚才的反应大生反感。

佐丹奴会长仿佛没有察觉到保罗的不高兴，用和他的年龄丝毫不相符的速度紧跟在保罗的后面，而且还自顾自地轻声哼起了小曲……

快到钱包工厂附近路口的转角处时，一直和保罗保持着一定距离的佐丹奴会长忽然开口问道：

“你觉得自己为什么总是那么贫穷呢？据我所知，钱包夫人给员工的薪水其实也不低啊。”

“是的，钱包夫人对我们都很好。不过，像我这样的情况……”保罗的表情黯淡了下来。

“像你这样的情况怎么了？”佐丹奴会长反问道。

“一领到薪水，那些钱很快就会花出去，身边留不下什么钱。”

“是因为要接济还在意大利的亲属们吗？”

保罗吃了一惊，问道：“您怎么知道的？是不是钱包夫人或阿普瑞德叔叔告诉您的？”

佐丹奴会长笑了笑。保罗发现，他脸上的从容能给人一种踏实感，仿佛就算是世界末日来临，也不能让他动容慌张，这样的气质是旁人难以具备的。保罗心里的不快顿时消散不少。

“像你这个年纪的人，如果说努力工作，没有出去花天酒地，而且节假日难得出来一趟也只是来银行，再加上手里一直没有余钱，花光薪水的原因也就那么几条了。刚才我随口说了其中一条，没想到居然猜对了。”

两个人马不停蹄，继续朝着目的地走去。不知不觉间，他们已经走到了萨尔瓦多的三明治店。正在烤肉的萨尔瓦多抬起拿着铁夹的手和保罗打了个招呼，随即发现了佐丹奴会长，立刻毕恭毕敬地低下头，对佐丹奴会长表示了足够的敬重。从萨尔瓦多的举动中，保罗看出，他似乎受到过佐丹奴会长的帮助。

“您和萨尔瓦多很熟吗？”

“大概是13年前吧，一个朋友把他介绍给我，说是他这个侄子正准备开一家三明治店。最近嘛，也就是偶尔办事经过的时候才进去吃点儿三明治。”

“那您帮助他了吗？”

“也说不上是什么帮助，只是借了他15万美元，让他用来租下这个店面。”

“15万美元？”

保罗嘴巴张得大大的，像吞掉一个大面包一样，半天说不出话来。就在刚才，佐丹奴会长若无其事地说自己曾借钱给一个朋友的侄子15万美元之多，15万啊，说的像是15元一样轻松。保罗努力收敛心神，小心翼翼地问道：

“那个……会长大人，您能不能也借给我15万美元呢？10万美元也可以，或者，只是5万美元？”

之前一直保持从容微笑的佐丹奴会长终于有了点儿变化，他皱了皱眉，没有立刻作答。保罗看出了佐丹奴会长的不悦，也意识到自己说错了话，不由得垂下了头。

过了一会儿，佐丹奴会长好像想到了什么，之前从容淡定的神态又回到了脸上，温和地问道：

“如果给你这笔钱，你想用来做什么呢？”

“那当然是……各个方面……”

一时之间，保罗还真说不出自己会把那些钱用在什么方面。他只是觉得很缺钱，却又没有想过有了钱该怎么用。

“应该先给家里寄一点儿吧……”

“如果说我这次借给你5万美元，而你给家里寄了一点儿，那你之后是不是就不会再给家里寄钱了？”

当然不可能，保罗无力地摇了摇头。

“你刚才和我抱怨说为什么不论你怎么努力、怎么节省都不能成为有钱人，是吧？”

保罗迷茫地应道：“是的。”

“其实，原因就在于你刚才的态度。为什么你不论怎么努力钱包始终是空瘪着，而某些人没有付出和你一样的努力却可以成为富翁……”

保罗本来像是霜打的茄子一样无精打采地在前面走着，听到这句话，猛然抬起头来，转身惊讶地看着佐丹奴会长。然后用哀求一般的语气问道：

“这是为什么呢？为什么我这么努力，手里却始终没有多少余钱呢？”

就在此时，街边的一个乞丐也开始哀求佐丹奴会长给予施舍。在那一刻，保罗和那个乞丐一左一右同时在佐丹奴会长身边向他提出请求，这个情形实在有点儿讽刺。

佐丹奴会长从兜里摸出几个硬币，一边扔进乞丐的帽子里，一边说道：

“喂，保罗，你知道我刚才给了这个乞丐多少钱吗？”

“不清楚呢，我就听到您扔了几个硬币给他……”

“大概有75美分吧。”

保罗一时间想不出佐丹奴会长为什么要告诉他这些，也不知道该说什么，只能保持沉默，等佐丹奴会长自己说下去。

“如果我给的是5美分，会怎么样呢？”

“不清楚，好像对这个乞丐来说没有什么差别吧？”

“那如果我给了他一美元呢？”

“也不知道，我觉得应该还是没有什么不同吧？”

“无论我给了这个乞丐多少钱，是75美分还是5万美元，都没有多大区别，人们只会认为我是把多余的零钱给了这个无家可归的乞丐。”

“应该是的。”

“那么，如果我把75美分扔进那边的自动贩卖机里，又会怎么样呢？”

“那样的话，您现在……”

“我现在应该就会拿着一罐可乐了。那么，假如用这75美分在45年前的堪萨斯城的外城附近买下了1英亩的地呢？又会怎么样？”

“堪萨斯城？”

“我第一次打工的时候正好是45年前，那时候的周薪大概就是75美分。而在那个年代，堪萨斯城的外城附近，有很多一美元一英亩的地。”

保罗猜不出佐丹奴会长和他讲当年的事是何用意，只好默默听下去。

“当年那些荒凉的地方，现在已经被开发成高级住宅区或农场了，而且一英亩的价值远远超过了5万美元。”

“啊……”保罗发出了一声惊讶的感叹。

“虽然只是75美分，但是随着你的用法不同，它既有可能会让你产生几秒钟的满足感，也可以解决你几分钟的喉咙干涩，更可以让你置办足以享用一生的不动产基业。能不能看出这之间的差异？就是富翁和穷人的区别了。”

直到这个时候，保罗才开始有些明白佐丹奴会长说出这番话的真正含义。

很多人都会强调，有钱人和穷人只是因为命运的差异，有人白手起家创造下属于自己的巨额财富，被人说是运气好。每个自以为怀才不遇或者愤世嫉俗的人，都只会盯住别人的财富不放，而根本不去想那些成就是怎样得来的。勤劳肯干的付出、价值千金的远见卓识、懂得判断时机的智慧、独特的人生见解，这些都是成功的关键。盲目抱怨所谓命运的不公，而放弃探究其中的问题所在，那样的人就不仅仅是懦弱、愚蠢，更是可悲。

保罗觉得自己一直以来都没有找到正确的理财窍门，或者说是找错了路，现在，佐丹奴会长的话终于让他隐约摸到了门道。他凝神静气，更加认真地听会长继续往下说。

“萨尔瓦多第一次和他的叔叔一起来找我的时候，我也只把他当作了一名借着老乡的情分来找我借钱的家伙，连看都没有看他一眼。但是，萨尔瓦多却没有立即提出借多少钱，而是先对我说明自己准备租下的门面位置和营业项目，而且说明得非常详细。当时，他的样子让我想起了多年前的堪萨斯城，虽然刚开始的时候是一片荒芜，就像一张等待着你添加色彩的白纸，但是那里的确充满了无限的可能性和希望。”

萨尔瓦多看中的地方是行人稀少的居民区一角，而且在当时，华盛顿人喜欢吃的是温迪汉堡、麦当劳的汉堡和奶昔，几乎没有一个人喜欢吃三明治。但是，佐丹奴会长的看法却不一样。萨尔瓦多看中的地方和其他的候选地段，虽说和当时的繁华商业街有一段距离，但是从交通和其他角度来考虑，未来很有可能会发展成为居民区附近的商业地段。虽然华盛顿人暂时还比较热衷于汉堡，但他去纽约等地出差时却发现，三明治在那里颇受欢迎。他认为，华盛顿也将刮起“三明治旋风”。

“萨尔瓦多想借的是10万美元，可我却给了他15万美元，让他安心发展。因为我觉得，15万美元应该可以让他在看中的地方开设一家规模较大的商铺。要么就不开，要开就该开家像样的店。后来的结果你也知道了，没过几年，萨尔瓦多的店就变得像现在这样兴旺了。”

听着佐丹奴会长的话，保罗忍不住回头看萨尔瓦多的三明治店。虽然是假日，可是店里却仍然排起了等候就餐的长队。顾客中既有到公园散步的人，也有附近专程过来的居民，还有一些学生和商人。

“这就是让我的钱包鼓起来的定律。”

保罗正羡慕地望着萨尔瓦多的店，直到佐丹奴会长提起“钱包鼓起来的定律”，才如梦初醒地想起了自己的目的，回过身继续哀求道：

“那个定律是什么？让会长您的钱包鼓起来的定律到底是什么？”

佐丹奴会长大笑了几声，轻轻拍了两下保罗的后背。

“你这人啊，我都说这么半天了，你怎么还问？”

“您说了半天？您说什么了？您一次也没有提及‘钱包鼓起来的定律’啊？”

保罗委屈地望着佐丹奴会长。

佐丹奴会长和萨尔瓦多之间的故事让他若有所悟，但任他把刚才的话翻来覆去想多少遍，都想不起佐丹奴会长提到过让钱包鼓起来的定律。

他觉得自己可能还是没有理解透彻佐丹奴会长的意思，那些富翁的头脑果然不是他这种普通人比得上的。想到这里，他不禁又沮丧起来。

看着保罗委屈的表情，佐丹奴会长很大方地继续给他解释：

“你用心思考一下，就在刚才，我给了乞丐75美分。但是，如果那些钱投入自动贩卖机，我现在就会有一罐可乐；如果在45年前买下了堪萨斯城附近的地，现在就会变成5万多美元。这就是我想要告诉你的‘让钱包鼓起来的定律’。”

佐丹奴会长停了停，大有深意地看了保罗一眼，缓缓开口给出结论：

“重要的是把钱花到了哪里，而不是花了多少。”

佐丹奴会长接下来的说明是这样的：

如果钱包里放进太多的纸币、卡片，钱包就会变厚，而且携带不方便。同理，若是一个人攒下了超过一定规模的金钱，反而会对生活造成困扰，出现许多问题。因此，除了生活必需的部分现金之外，剩下的就最好都挪到别的地方，挪的方式主要有两种，一种是消费，一种是投资。在这种时候，大部分人都执着于花了多少，而根本就不会注意自己是怎么花的。但是，富翁们却更加关心把钱花到哪里，而不是花了多少。

“也就是说，以富翁们的标准来说，最大的富翁并不是拥有最多钱的人。只有那些懂得用最合适的方式分配和管理资金的人，才能称得上是真正的大富豪。像你这样的普通人，赚到钱之后，只会牢牢抓住它，而白白错过了成为真正的大富翁的机会。”

保罗听完这番教导，如同醍醐灌顶，感觉头脑里有什么东西突然明朗了，一时之间却又梳理不清，只能呆呆地站在原地。

说完这些，佐丹奴会长也不管他的反应，拉起保罗的手将他带到了路边公园里的沙场。佐丹奴会长在附近找出一根树枝，在沙地上画出了两个钱包。

“来，假设这两个就是我和你的钱包。刚开始的时候，这两个钱包都是鼓鼓囊囊的，不过一个月后它们就会干瘪下去。这一点无论是你还是我，都是一样的。接下来，我们就来看一下你钱包里面的钱都到哪里去了吧！”

佐丹奴会长让保罗列明每个月的大头开支。

“好了，这些就是你一个月的支出了。下面就来让我们看一下，这里面有哪些是你对价值进行的投资。”

保罗入神地看着眼前的明细，却怎么也找不出“对价值进行的投资”。不过，他也并没有把全部的收入都寄给意大利老家。保罗现在才发现，其实平时花出去的钱也不在少数。佐丹奴仔细看过了那些支出明细，开始将它们一一分类。

“如果我是你，这些支出我就会尽量避免的。如果想要成为富翁，家人的忍耐和支持也是需要的。”

佐丹奴会长首先划去的，是弟弟们的足球俱乐部会费和正在上大学的妹妹的零花钱。

“消遣的娱乐费用应该让你弟弟自己去解决，而你妹妹既然是大学生，就应该让她自己赚钱上大学。锻炼为自己的事情负责的能力，是不是更利于他们今后的成长呢？”

听佐丹奴会长这么一说，保罗欣然同意。他考虑了片刻，终于决定下个月就通知弟弟妹妹，不再提供这笔额外的零花钱。

“还有，如果我是你，这些支出我就会合并到一起，以避免最后零零散散加起来花得更多。”

佐丹奴会长这次指出来的，是意大利移民聚会的会费和里面的各种同好会会费。

“如果真的想要攒钱，有时候也要尽量减少‘人与人之间的情感交流’。”

保罗觉得佐丹奴会长的这些做法有些不近人情，人际关系不也是很必要的生存之道吗？虽然如此，但他想想自己参加的这些同乡会一类的聚会，认识了很多人，却没有一个能给自己带来什么实质性的帮助，可怎么说也是自己在他乡的一点儿心灵慰藉啊！不过他又不好说什么，毕竟佐丹奴会长现在正将自己的智慧教给他，传授他“让钱包鼓起来的定律”。

“现在再看的话，你每个月还能剩下总额的15%左右。接下来，你只要把这些钱投资到最有价值的地方就可以了。”

保罗定睛一看，果然发现正好还有15%的剩余。刚才佐丹奴会长只是将它们分类归纳了一下而已，简单地为他刨除了一些能节省的花销，竟然就节省出了15%之多。对保罗来说，这笔钱实在意义非凡。

“刚踏入社会的时候，就算是像你这样的年轻小伙子也应该注意理财，你这种有家庭负担或是刚刚结婚的，要拿出收入的30%投资到可以产生最大价值的地方，否则你的人生将被一堆负累压得没有翻身之日。若是没有这些负担，你投资的比例还可以提高到50%。而且，你应该把这个当成一种习惯。”

接下来，佐丹奴会长进一步阐述了这样做的理由：

“第一，投资也是一种习惯。无论你手上的金额有多少，都要习惯于寻找可以创造最大价值的地方然后对其进行投资，只有这样才可以培养投资的眼光和判断能力。第二，投资还会让你养成节俭的习惯。投资有一种惯性，规模越大就会带来越多的财富，也越能激发你对投资的兴趣和欲望。在日常生活中，这些欲望可以有效防止你不必要的浪费，而且远比任何保障和金融计划可靠得多。最后，在寻找可以创造出最大价值的地方时，你会时刻有一种紧张感，让你更加认真而勤劳地面对生活。”

保罗仔细倾听着佐丹奴会长的这番话，不发一言。开始时较难理解，但是随着理解的深入，他终于渐渐了解了为什么自己那么努力那么节省，钱包却始终干瘪的原因。

在以前，他从未考虑过“对价值的投资”，只是战战兢兢地关心钱包里还剩多少钱、花了多少钱等表面上的数据。至于怎么花钱、有没有花到真正有价值的地方、能不能创造出更加有价值的回馈等等，他完全没有考虑过。很多人都和他一样，只会很简单地计算自己“花了好多钱”或者“我还剩多少钱”，一听到钱，就大声喊自己太需要了，却并没有具体的分配计划。哪里都要用到钱，但钱的数量却是有限的，总有用完的一天。不思考钱是为了什么而花掉的、钱可以创造哪些价值，当然是不能拥有更多财富的。

“下个月我就通知家里，请他们和我一起勒紧裤腰带过日子，至少也要将收入的15%投入到可以创造更多价值的地方。”

佐丹奴会长微笑地望着保罗。

“不过，会长大人……”

“不过？”

“哪些地方可以创造出比直接放进钱包更大的价值……应该怎么判断这一点呢？会长您这样的富豪可以接收到第一手的最新资讯，可能会比较好找，但是我这样的普通人，不是很难找到其中的商机吗？”

佐丹奴会长缓缓点了点头，说道：“你说得对，我觉得找出这个是很困难的。”

仿佛想起了当初艰难的创业时期，佐丹奴会长闭着眼睛思考了片刻。

投资不是比智商，比的是谁更理性。而理性的前提就是理解，要理解就应该多花点儿时间去观察和掌握相关知识，为了能从中得到回报，花这些时间是值得的。保罗愿意为此付出，可是有些东西就算自己付出再多，也难以摸清其中的门路。他冥思苦想着，究竟投资到哪些地方可以创造出更多的价值呢？但是，以他现在的智慧，实在想不出来。

能解决他苦恼的人依旧是佐丹奴会长。

“如何找出值得投资的地方，方法就是……”

保罗屏息静气，目不转睛地盯着佐丹奴会长的嘴巴。

“经常留意和思考。”

听到如此简单和浅显的回答，保罗只觉得一阵无力。就在他准备表示抗议说“这不是谁都知道的吗”时，佐丹奴会长接下去说：

“如果你还是觉得难以做到……”

保罗重新屏住呼吸，聚精会神地倾听佐丹奴会长说出来的每一个单词。

“第一是‘赛马场买马券’原理。虽然有些风险，但是与其去数百万人蜂拥而至的地方找财路，不如去找少数几个富豪聚集的地方，这样才更加容易找到有价值的所在。就像富翁在赛马场上买马券，他们对自己买的马有更多了解，知道他们的选择再伺机而动，比盲目跟着大众的热门走要更有机会赢钱。在很多时候，一个富豪的眼光比数百万普通人的眼光更加准确。尤其在投资这方面，少数服从多数的方法是行不通的。需要注意的是，富豪们不喜欢太多人聚集的地方，他们都会有自己的聚集地或者贵宾区，因此你找起来也会比较困难。

“但是，只要你守住了一个富豪，就很容易找到其他富豪聚集的地方。因此，从现在开始，你就集中关注离你最近的一个有钱人吧！短时间内你要了解他的生活习惯、人生轨迹，甚至是每一次的呼吸节奏，而且要努力追上他的脚步。这样一来，你自然就会发现他目前留意的地方，也会发现包括他在内的其他富翁们正在关注的地方。而这，很有可能就是大多数人没有选择的最佳马券。”

佐丹奴会长的这一番话语句连贯、逻辑性强，声调也铿锵有力，仿佛是在阅读一篇已经整理好的经济学论文一样，用非常清晰的论点来阐述自己的观念。

“第二是‘百分比的虚像原理’。简而言之，在我们接触到的无数信息中，不要相信所谓的百分之多少等表面性的数据。”

第一个论点保罗还是可以慢慢领会的，但是这第二个论点他却一时没明白。

“不要相信百分比？这又是怎么回事呢？”

原来，佐丹奴会长想要讲述的是如下的原理：

包括银行在内的各种投资公司在吸引和留下顾客时，最常用的就是百分比，比如百分之几的年收益率等。但是，我们奉为真理的百分比中，其实有着各种各样的陷阱。即，随着说话的角度不同，可以很自然地调整少则几个百分点，多则数十个百分点的误差。这样一来，本来以为有很大概率成功的某件事情，就会一下子变得毫无可行性，这都是过于信任百分比的数据的结果。

“你是不相信吗？那下面我就举一些例子吧！

“我们公司在亚洲市场上投放的风险投资项目中，有一个项目在刚推出来的时候，宣传语是‘保证让您的年收益率达到十多个百分点’。但是我们却发现，市场反应实在无法让我们满意。就当时而言，因为亚洲市场有很多不稳定因素，所以能够获利的机会非常多。已经有很多竞争公司在类似的项目上收获颇丰，而且占据了大部分市场。既然有那么多可以保证得到数十个百分点收益率的项目，消费者们又怎么会看上我们的只能保证十多个百分点收益率的项目呢？我当时就陷入了苦恼。但是经过我的分析，竞争公司的广告词有很大的误差。更夸张的是，如果按照他们的理论，我们公司的项目也能保障数十个百分点的年收益率。所谓的百分比本来就不代表货币、机会成本、商品的绝对价值，而是随便找个分母，然后算出一个数据。因此，但凡写着百分比，就很可能会有虚拟膨胀的现象。”

佐丹奴会长的话多少还是令保罗有些费解，但他想起了自己曾经在银行的投资经历。当时，他也是被“10%以上的年收益率”所诱惑，才进行了投资，可是最后得到的收益却远远达不到他当初的期待值。现在想来，当时的他肯定也是陷入了“百分比的虚像”中。

“真正的富豪们不会被‘上升了百分之几、下降了百分之儿’等所诱惑，而是更加关心一个项目‘有没有形成本身的价值’‘这个价值有没有增加’等信息。”

保罗努力倾听佐丹奴会长的这番言语，生怕漏过什么内容。他暗暗后悔没有携带笔记本出来，这些良言可都是不可多得的人生智慧。

佐丹奴会长似乎看出了保罗的心思，很为他的用心而快慰，于是尽量放慢语速，而且讲解得更加浅显易懂。

“第三条就是‘拆分原理’，把看得见的价值分得越细，就越能找到真正的价值。”

紧接着，佐丹奴会长娓娓讲述了一段自己的经历。

佐丹奴会长大学毕业后进的第一家公司是投资银行，他的主要工作是整理该银行目前投资的每家公司所递交上来的年初计划表和中期报告，然后制作成资料，提供给资深的金融分析师。而资深分析师会结合他提供的资料和其他资料与指标，判断继续投资与否或增减投资额。

每个星期，佐丹奴会长都要检查约50多家企业的资料，而且还要写出每家企业的报告资料，可以说是又苦又累的烦人活儿，而且最后所有的业绩却都属于那些分析师，自己做的真是吃力不讨好的工作。因此负责这种工作的新职员没有一个不希望早日离开这个岗位，他们工作时的目标仅仅是不要犯大错或自己的成果不被当作废纸而已，此外再没其他的什么奢望。不过佐丹奴会长却认为，当时的工作对他想要成为投资专家的理想很有帮助，而且是必经的锻炼阶段，因此每天他都非常认真地投身于反复检查资料和制作报告书的工作当中。

有一天，该公司的副社长突然将佐丹奴叫到自己的办公室，此人也是当时著名的投资专家之一。一头雾水的小职员佐丹奴走进办公室后，副社长就把资深分析师制作的投资审查资料成捆地扔给了佐丹奴，并让他“重新分析一遍”。佐丹奴细心地观察了手中的资料，提供这些资料的公司无疑是非常优秀的，不仅有完美的发展规划，工作业绩也同样令人满意。看起来，资深分析师给出“适合投资，且有必要扩大投资规模”的结论也是顺理成章的。

“当时我判断这家公司价值的时候，也没有从富豪的观点出发，而是从普通人的角度来看待的。”

——讲到这里，佐丹奴会长发出了这么一句感慨。

很快，副社长限定的期限只剩下一天了。

佐丹奴最后一次翻看资料准备写报告书的时候，忽然冒出了一个新想法，之前他始终局限于资深分析师的价值判断，而没有以自己的观点来分析过这家企业。随即他就将手上未完成的报告书全部丢进垃圾桶，重新按照自己以前分析企业的业绩资料和相关资料时采用的方法，最大限度地细分了该企业的业绩。之后，佐丹奴又细分了销售和营业利润，最后再将这些碎片相互联系和相互比较，从而重新评价该企业的价值。

结果，佐丹奴得到了一个完全不同的答案。

该企业虽然完美地完成了年初设定的各阶段工作目标，但一般都是在每期阶段的后期才集中完成的。比如1月完成了10%，2月完成了15%，可是3月却突然完成了50%以上，而6月和12月更是完成了既定目标的150%和200%。因此，纵观这一年的业绩时，该企业的目标完成度非常高，但如果细分到每个季度的业务变化，得到的曲线图却很不正常。佐丹奴敏锐地发现了这一点，开始进一步收集其他资料，并制定了一个新的报告书。

第二天，当副社长看完他制定的报告书以后，对他的分析结果大加赞赏。

“我把相同的任务交给了11名分析师和研究负责人，但是能正确评价这家企业的人只有你一个。”

说完这句话，副社长就将桌上放着的俗称证券界的“内部传单”递给了佐丹奴。上面写着FBI已经掌握了该公司做假账、强迫式销售、虚报销售业绩等不法行为的证据，正在着手侦破的信息。具体内容和佐丹奴的分析报告非常相似，也就是说他凭借个人的经验积累，准确判断出了该公司的真正价值。

第二天，他们公司就全面收回了投入该企业的资金，而该企业也在两周后随着FBI的深入调查而宣告破产。与此同时，佐丹奴也得到了升迁，成为负责判断投资与否的资料提供处总组长，几年后更是成了最年轻的股东。

这就是佐丹奴会长如何通过“拆分原理”来重新发现投资目标的价值，使自己的能力得到认可，从而向成功跨出了坚实一步的故事。这种经验之谈，完全来自佐丹奴会长自己的独特经历。

通过从不同角度看待事物、用不同方法分析问题，你就能得到一个以上的答案。最准确、最有价值的答案，经常就这样等着你运用智慧的头脑去寻找它。

“如果掌握了某种事物或信息，那你就要把它拆分到极致，也就是一直到不能再拆分为止。这样一来，你就能发现这些碎片之间的联系或矛盾。如果再把相关碎片整合起来或继续拆分，那你就会发现普通人眼里不存在的新价值。”

“您能不能举一些更加实际的例子呢？刚才的例子实在有点儿高深，到现在我还不能完全理解呢。”

“好吧，那我就再举一个例子。比如说你有10万美元的储蓄，那与其说‘我有10万美元的储蓄’，不如详细地列出‘我有2万美元存在普通的储蓄银行，4万美元存在投资银行，1万美元投资到私募基金，3万美元存在证券储蓄’。这样一来，你对自身资产的‘价值’就了解得更透彻了。虽然这两者都是10万美元，但它们的意义却是不一样的。只要再过几个星期，两者的金额差距就会变得非常大，从这里也可以看出拆分的重要性。虽然粗略看起来两者的总值是相同的，但是经过拆分、整合与区分，我们就会发现两种说法能给我们带来迥异的两种信息。因此也可以说，只要是有利于赚钱的信息，我们都可以通过‘拆分原理’找出完全不一样的价值。”

保罗想到了自己的那些储蓄，虽然在有钱人的眼里不算什么，但那也是他持之以恒地一点一滴积攒到现在的。他和罗伯特虽然经常吵架，但一天的大部分时间都是两个人一起在工作室度过，因此也可以说互相都是对方最亲密的同事。但是，就是这样的同事关系也没有影响到保罗对积蓄的执着。罗伯特不管多么信誓旦旦地保证自己一有薪水就还钱，为了借钱说到口水都干了，保罗也依然冷酷地守着自己的钱包，没有半点儿通融。这样的事发生过不止一次，现在还严重影响着他们的关系。不得不说，保罗是“能守得住钱包的人”。

但是，虽然他把钱收起来时非常果断，甚至于说有些偏执，但在计算目前资产和设定未来投资计划时，保罗从未将它们拆分后综合考虑过，只会将所有金额加在一起去计算。这么计算来计算去，他每个月还是留不住那些钱，也不清楚它们到底去了哪里，日复一日地糊涂攒钱，怪不得到头来还是穷光蛋一个。

“对价值的理解、发现那种价值的眼光和及时对之进行投资的决断。”

这正是包括保罗在内的普通人与富翁之间的差异。此差异，正是导致某些人的钱包永远干瘪，另外一些人的钱包却总是充盈的根本原因。

讲完这段故事后，两个人重新朝着钱包工厂的方向走去。没过多久，他们就看见了前面不远处的钱包工厂，工厂门口还站着钱包夫人。远远看过去，夫人似乎是想要在休息日清洁玻璃窗。一见到钱包夫人，佐丹奴会长就高兴地大声打招呼道：

“钱包夫人！您怎么在休息日也不休息啊，在做什么呢？”

“有些人非要在这个休息日来取钱包和预订钱包，所以我只好就这么等着了。”

“您说的是我吧，您也不要太讨厌我了。如果不是休息日过来，我怎么能有这么长的时间来陪钱包夫人说话呢？而且也不会有空详细讲解我要预订的钱包的样式。”

看这两个人老朋友般地聊了起来，保罗低着头向佐丹奴会长告别，随即走进了工厂里。虽然今天应该放假，但罗伯特依然坐在工作台前认真地做着未完成的工作。

“今天是休息日，你在做什么呢？”

“你看不到吗？”

虽然语气仍然不友善，但两人的表情却比以往柔和了许多。看起来，为同一个问题而苦恼的两个人，也都有了点儿彼此是难兄难弟的感觉。

说完这句话，罗伯特继续拿着刷子细心地整理皮革，保罗则站在旁边出神地望着罗伯特工作的样子。不知过了多久，保罗忽然从裤兜里拿出一个东西递给了罗伯特。罗伯特停下手中的工作，看向保罗递过来的东西——原来是一捆纸币。

“这是什么？”

“你不知道吗？当然是钱了。”

“我当然不会不知道这是钱！我是问你给我钱做什么？”

保罗就那么伸着手说道：

“上周你说过吧？说是发现了一种用于皮革工艺的顶级皮革，你就拿这些钱去买吧。”

保罗说的是罗伯特在几天前提到过的事情。一直以来，罗伯特就想参加全美皮革工艺比赛，虽然说会有数千名全国最优秀的皮革工艺师展开激烈的竞争，但只要得奖，就能获得足以保障一生的财富与名誉。不过要想制作出罗伯特构思好的作品，就要用到大量的优质皮革，而且是比钱包工厂使用的还要优质的皮革。要知道，钱包工厂使用的皮革已经是公认的顶级皮革了，因此想要找到比这里还好的材料不仅非常困难，而且花费不菲。

为了买到理想的皮革，罗伯特把所有的储蓄都取了出来，但还是远远不够。因此，他就拜托保罗通融一下。不过在当时，保罗坚决地拒绝了罗伯特的请求，还嘲笑他“只会把钱花在那些注定不会成功的地方”。

可是现在，出门时还只是说要去散心的保罗，一回来就拿出了这么一大笔钱。罗伯特诧异极了，他不愿就这么收下这笔钱，不然自己会寝食难安，至少他先要知道保罗发生变化的原因。

“可是你为什么要借给我这些钱？以前，只要是进了你口袋里的钱，是别想再让你拿出来的，不是吗？”

“以前确实是这样，可是从今天开始，我想要把钱花在有价值的地方。”

罗伯特充满疑惑的目光渐渐变得豁然开朗，他们之间的气氛也明显恢复到那种轻松友好的状态了。

“所以，你终于正确地认识到本大人的价值了，是吧？”

“没有，我现在还对你的价值抱有怀疑。不过，我还是要承认你的手艺和从祖先那里遗传到的天赋。你可不要误会，我刚才分明说了‘把钱花在有价值的地方’，可没有说要把这些钱白给你。你还是快点儿用这些钱去买皮革吧，然后就准备参加这次的工艺比赛。上次我去路易斯安那州买皮革的时候，看到有个芝加哥商人引进了很多西班牙产优质皮革，那些人提供的优质皮革虽然价格非常昂贵，但质量也是最上乘的。这些钱应该够你买足够的皮革用来参加比赛了。”

罗伯特高兴地笑了起来，接钱的动作粗鲁得几乎像是从保罗手里把钱抢过去一样。他一边解下工作围裙，一边说道：

“不要担心了，我肯定会在比赛中获得胜利，然后再还钱给你。”

说完这番话，罗伯特就兴致勃勃地跑出了工厂。

“这是我对价值的第一次真正投资……这笔钱是投资到堪萨斯州了呢，还是投资到一罐可乐了呢？”

虽然心里忐忑不安，担忧着自己这次的付出，但保罗还是甩了甩头，真心祈祷着自己对价值的这次投资可以成功。

佐丹奴会长和钱包夫人一直在门外透过玻璃窗默默观察着保罗和罗伯特，直到罗伯特从保罗手里拿过钱奔出了工厂，佐丹奴会长才开口问道：

“刚才跑出去的那个朋友叫什么呢？”

“罗伯特·贝尔迪，我们一般称他为罗比。”

“啊，这样啊，刚刚保罗先生一进去就把钱借给了罗伯特呢！”

“这种情形在以前根本就不会出现……这应该都是因为佐丹奴会长教导有方的缘故吧？”

“我？哈哈，我也没有做什么呢！”

两个人对视了一眼，会心一笑，不再说话。他们继续透过玻璃窗观察工厂里的保罗。

保罗正从自己的工作台下拿出一个小铁箱。钱包夫人虽然带着保罗一起工作了很长时间，但这还是第一次看到他打开这个铁箱。箱子里放着各种各样的存折和成捆的文件。保罗细心拿出它们，一一整齐地铺开，然后就开始专心整理。他一会儿把一些东西聚成一堆，皱着眉头点算，一会儿又把它们拆散开来排列。看样子，他应该是在准备实践佐丹奴会长教给他的东西。

投资和拆分原理，还只是聚拢财富的众多方法中的冰山一角。金钱是既复杂又简单的一种东西，有心的人总能发现它的魅力所在并找到它，而不懂得用眼观察、用心思考的人就永远只是路过的看客，远远望去虽被金钱的耀眼光辉所惑，但金钱就像摆在玻璃橱窗里的珠宝，你望着它，却可望而不可即。直到你的大脑被智慧的钥匙开启，你的视角发生天翻地覆的变化，你就会突然发现，其实金钱无处不在，很多机会就在你身边，等你伸出手去采撷。

钱包夫人朝着佐丹奴会长微笑，微微冲他点点头表示了谢意。

佐丹奴会长似乎也很满意自己的“教导结果”，故意用比平时还要大的声音喊道：

“好了！夫人，我的事情好像已经做完了，那么，我的钱包完成了吗？”

控制金钱的流向

当你一心扑在自己的梦想上时，生活中的烦心事也都会变得微不足道。

虽然只是75美分，但是因为你的用法不同，它既有可能会让你产生几秒钟的满足感，也可以让你的喉咙不再干涩，更可以让你置办足以享用一生的不动产基业。能不能看出这之间的差异，就是富翁和穷人的区别了。

每个自以为怀才不遇或者愤世嫉俗的人都只会盯住别人的财富不放，而根本不去想别人的成就是怎样得来的。

勤劳肯干的付出、价值千金的远见卓识、懂得判断时机的智慧、独特的人生见解，这些都是成功的关键。盲目抱怨贫富悬殊而放弃探究其中的原因，不仅仅是逃避、愚蠢，其人生也会变得很可悲。

如果钱包里放进太多的纸币、卡片，钱包就会变厚，就会不方便携带。同理，若是一个人攒下了超过一定规模的金钱，反而会对生活造成困扰，出现许多问题。

因此，除了生活必需的部分现金之外，剩下的就最好能挪到别的地方。其方法主要有两种，一种是消费，一种是投资。在这种时候，大部分人都执着于花了多少，而根本不去在意自己是怎么花出去的。但是，富翁们却更加关心把钱花到哪里，而不是花了多少。

以富翁们的标准来说，最大的富翁并不是拥有最多钱的人，而是那些可以用最合适的方式分配和管理资金的人。相对于这些真正的富翁，普通人赚到钱就牢牢把它抓在手里，因此而白白错过了很多成为有钱人的机会。

打造你的魔法钱包

今后，记住只对价值进行投资。

尽量减少不必要的“人与人之间的情感交流”——那些以打发时光和获得安慰为目的的聚会应酬。

就算是刚刚踏入社会，就算还很年轻，你也应该注意理财的问题。

即便你有家庭的负担或是刚刚结婚，也要拿出收入的30%投资到可以产生最大价值的地方，否则你的人生将被一堆负累压得没有翻身之日。

若是没有这些负担，你投资的比例还可以提高到50%。而且，你应该把投资作为一种习惯。

将以下几点抄录下来：

第一，投资是一种习惯。无论自己手上有多少钱，都要习惯于寻找出可以创造出最大价值的地方然后对其进行投资，只有这样，才可以培养投资的眼光和习惯。

第二，投资还可以让自己养成节俭的习惯。

投资有一种“毒性”，规模越大就会带来更多的财源，也会让自己的投资欲望更强烈。在日常生活中，这些欲望可以有效地防止不必要的浪费，而且远比任何保障和金融计划可靠得多。

投资的关键原理：

第一是“赛马场买马券”原理。

与其到数百万人蜂拥而至的地方找财路，不如去找少数几个富豪聚集的地方，这样才更加容易找到价值的所在。

在很多时候，一个富豪的眼光比数百万个普通人的眼光更准确。尤其在投资这方面，少数服从多数的方法是行不通的。

需要注意的是，富豪们不喜欢太多人聚集的地方，他们通常会有自己的聚集地或者贵宾区，因此进入其中也会比较困难。

只要守住了一个富豪，就很容易找到其他富豪们聚集的地方。

因此，从现在开始，你就集中关注离你最近的一个有钱人吧！

短时间内你要了解他的生活习惯、人生轨迹，甚至是每一次的呼吸节奏，而且要努力追上他的脚步。

这样一来，你自然就会发现他目前留意的地方，也会发现包括他在内的其他富翁们正在关注的地方。而这些，很有可能就是大多数人没有发现的最佳机遇。

第二是“百分比的虚像原理”。

简而言之，在我们接触到的无数信息中，不要相信所谓的百分之多少等表面性的数据。

包括银行在内的各种投资公司在吸引和留下顾客时，最常用的就是百分比，比如年收益率百分之几等。但是，我们奉为真理的百分比中，其实有着各种各样的陷阱。也就是说，随着说话的角度不同，可以很自然地调整少则几个百分点、多则数十个百分点的误差。

这样一来，本来以为有很大概率成功的某件事情，就会一下子变得很不靠谱，这都是过于信任百分比这个数据的结果。

第三是“拆分原理”。

越是把看得见的价值分得够细，就越能找到真正的价值。

如果掌握了某种事物或信息，那就要把它拆分到极致，也就是一直到不能再拆分为止。这样一来，就能发现这些碎片之间的联系或矛盾。如果再把相关碎片整合起来，就会发现普通人看不到的价值。

比如你有10万美元的储蓄，那与其说“我有10万美元的储蓄”，不如详细地列出“我有2万美元存在普通的储蓄银行，4万美元存在投资银行，1万美元投资到私募基金，3万美元存在证券储蓄”。这样一来，你对自身资产的“价值”了解得就更加透彻了。

虽然这两者都是10万美元，但它们的意义却是不一样的。只要再过几个星期，两者的金额差距就会变得非常大。虽然乍看起来两者的总值是相同的，但是经过拆分、整合与区分，我们就会发现两种说法能给我们带来迥异的信息。

魔法钱包要对你说的……

愉快地工作，愉快地生活，金钱就会愉快地降临。

有些人再怎么攒钱，也一辈子都当不上富翁；有的人却可以享受奢华的人生，钱怎么花都花不完。为什么差别这么大呢？怎样才能成为有钱人呢？

——能这样想，意味着你往有钱人的道路迈进了一大步。

越是认为自己贫穷的人，心理上越自卑。

这就是为什么有钱的人看上去比没钱的人从容。

记住帮助过你的人。事实上，富翁的记性都是很好的。

谨慎地借钱！不论是借给别人，还是向别人借钱。

你要拥有自己的魔法钱包，而不是成为他人的“魔法钱包”。

在寻找可以创造出最大价值的地方时，人们会时刻有一种紧张感，从而更加认真、勤劳地面对生活。

被银行“10%以上的年收益率”所诱惑并进行投资，可是最后得到的收益却远远达不到当初的期待。这就是“百分比的虚像”。

真正的富豪不会被“上升了百分之几、下降了百分之几”等所诱惑，而是更关心一件商品“有没有形成本身价值”“这个价值有没有增加”等信息。

通过从不同角度看待事物、用不同方法分析问题，你就会得到不同于以前的答案。最准确、最有价值的答案，经常就这样等着你运用智慧的头脑去寻找它。

现在你所做的工作对你的理想有帮助吗?

就算是非常努力地攒钱，如果你在计算目前资产和设定未来投资计划时，一次也没有将它们拆分后综合考虑过，而只会将所有金额加在一起去计算，那么你终究还是留不住钱。甚至你也不清楚它们到底去了哪里，只是日复一日地糊涂攒钱，到头来还是穷光蛋一个。

对价值的理解和寻找价值的眼光，以及对它进行的集中投资——这正是普通人与富翁之间的差异。这个差异就是导致某些人的钱包永远干瘪、另外一些人的钱包保持充盈的根本原因。

很多人只会很简单地算自己“花了多少钱”或者“我还剩多少钱”，一直大声嚷嚷要赚钱，却并没有具体的分配计划。

哪里都要用到钱，但钱的数量却是有限的，总有用完的一天。不思考钱应该怎么花、钱可以创造哪些价值，这样的人当然就不能拥有更多财富。

投资不是比智商，比的是谁更理性。而理性的前提就是理解，要理解就应该多花点时间去观察和掌握相关知识。为了能获得更多回报，值得你付出更多时间和精力上的代价。

我们需要冒险，但不要把钱花在那些注定不会成功的地方。

规则5

让钱这样循环起来

毫无疑问，财产同自由一样，

是人类的一项真正权利。

——约翰·亚当斯

嘎吱，嘎吱，嘎吱……

离天亮还有很长的时间，但钱包工厂里已经传出处理皮革的声音。

睡在工厂二层的罗伯特被这个声音吵醒了，他疑惑地从床上起来，走下去一探究竟。

幽暗的工厂里，只亮着一盏工作灯，钱包夫人正弯着腰坐在椅子上，就着那微弱的灯光专注地忙碌着手上的活儿。每次只要钱包夫人完全投入到工作，她的形象就会瞬间变得无比高大，她是名副其实的“匠人”。无论是谁，都会对这样的她肃然起敬。

看着钱包夫人认真工作的样子，罗伯特感觉都有些陶醉了，直到清晨第一缕阳光透进屋子，他也没有鼓起勇气和她搭上一句话，就这样一直静静地站在楼梯上，似乎稍微一动，就会破坏那种让人觉得不可侵犯的严谨氛围。专注，会让一个人散发出神圣的光芒，所以说工作中的人总是最有魅力的。

也不知过了多久，钱包夫人可能是累了，停下来伸了个懒腰，随即就发现了站在楼梯上的罗伯特，问道：

“天呐，罗比，你一动不动地站在那里做什么呢？”

“这句话应该是我问您，夫人怎么凌晨4点就忙活开了呢？到底是什么工作，需要您这么辛苦？”

钱包夫人手上抓着的钱包比普通的钱包要小很多。等看清楚这个钱包，罗伯特忽然记起来，这个黄褐色的钱包，夫人从几周前就开始制作了。

“钱包主人说今天要来取预订的东西，所以我要抓紧把收尾工作做好。”

这个钱包，无论是谁都能一眼看出是顶级中的顶级。钱包夫人制作的钱包，每一个都巧夺天工，还带着钱包夫人独有的特殊气质，而这个钱包，却可以说是钱包夫人的巅峰之作。

这个钱包以小羊皮为制作材料，接缝处没有一点儿缝纫过的针线痕迹，钱包表面还用熨斗细心地刻上了很多小图案。罗伯特认为，就算在博物馆的展览厅里，这个钱包也是毫不逊色的。要知道，很多以手工闻名的产品中，最被看重的就是它们被人一针一线亲手缝制的诚意。技艺精妙绝伦的匠人的手，能做出比机器更细致、漂亮的物件。只要一想起灌注在作品中的诚意和技艺，就会让人觉得这种手工产品更加值得珍视爱惜。

“夫人，这个钱包的主人是谁啊？竟然要你凌晨的时候就起来赶工？”

钱包夫人没有做声，而是把钱包铺在工作台上，投入到钱包内侧的收尾工作中。罗伯特马上觉得有点儿尴尬，停顿了片刻，只好打着一个长长的哈欠转身走上楼梯。

就在这个时候，几乎整个人都趴在了工作台上的钱包夫人头也不回地念出了钱包主人的名字：

“彼得斯，是彼得斯委员。”

罗伯特停下脚步，回过身望着孤灯下的钱包夫人，反问道：

“就是那位彼得斯委员？”

“嗯，就是现在的这个彼得斯委员。从他父亲罗曼·彼得斯会长开始，他们就一直是我们工厂的固定客人，不过这次的预订和上次隔了很长时间。他们的要求本就与众不同，所以收尾工作也要格外用心。”

这个老客户罗伯特并不十分熟悉，但他也可以从钱包的精致程度看出钱包夫人对这位委员的重视。这个钱包和普通的钱包有很大的差别，从内部来看也是很特殊的，不仅有三个放钱的夹层，而且每个夹层的高度都不一样。

“这个钱包的确很特殊呢。”

“是呀，他的父亲罗曼·彼得斯会长预订的钱包也是这种样式，他们都讲究按自己的方式来订制。”

夫人把钱包折起来后又铺展开来，如是几次。这是为了在完工后，使钱包的褶皱看起来显得自然一些。忽然，罗伯特在钱包内侧发现了一处奇怪的地方。

“等一下，那个图案是什么？”

罗伯特虽然不相信钱包夫人会犯错，但也生怕她在做收尾工作时，不小心在钱包内侧留下污痕，因此焦急地指着自己看到的一处图形叫出声来。

罗伯特没有看错，钱包内侧的一个角落里的确刻着一个奇怪的圆形图案。

“这怎么办？似乎是用熨斗时不小心压到的，看起来很难消除……”罗伯特拿起钱包，一边看一边哭丧着脸说道。虽然不是自己做的钱包，但它却是钱包夫人的杰作，因此这一处污痕让罗伯特烦躁得直跳脚，看着那块图形几乎快要疯掉了。

不过，当事人钱包夫人却一点儿也不着急，她平静的样子并没有因罗伯特的叫喊而发生变化，仿佛这个污痕本就应该出现一样。钱包夫人抬手从罗伯特手里拿走钱包，不再管他的大惊小怪，继续做着收尾工作。

“啊，夫人！这个污痕怎么办啊？这是被熨斗压出来的，是消不掉的！”

罗伯特惊讶于钱包夫人的平静，生怕这会是她的败笔而影响工厂的声誉，忍不住再次提醒夫人注意。不过钱包夫人仍旧不搭理他，没有任何反应地继续着手上的工作。

“夫人！”

听到罗伯特的大喊，钱包夫人终于忍无可忍，停下手中的工作，说道：

“行啦，行啦，怎么一大清早的你就这么沉不住气呢？这个纹样是我故意做出来的，是按照彼得斯委员的要求做出来的。不，从他的父亲开始，就要求必须有这个纹样，所以应该说我是按照罗曼·彼得斯会长的要求做出了这个纹样，不是什么失误，明白了吗？”

罗伯特说不出话来，怏怏地望着工作台上的那个钱包。但是不论他怎么观察，这个所谓的纹样还是像一块不小心用熨斗烫出来的污痕。

这个图案位于皮质钱包内侧的右下角，有拇指甲大小。它既不是完整的圆形，也没有鲜明的棱角，完全就像是家里炸出来的油炸圈饼。

清晨的阳光透过沿街的陈列柜缝隙，照射到工厂中。金黄的光芒告诉人们：新的一天已经拉开了序幕。

钱包夫人伸了一个长长的懒腰，恢复了一下精神，再接再厉继续做收尾工作。罗伯特的瞌睡虫也早就飞走了，干脆不再回去睡觉，回到二楼换上工作服准备开工。

“夫人！夫人！我来取钱包了！”

工厂外传来了异常洪亮的呼叫声。因为比平时早起了几个小时，罗伯特这一整天都在和瞌睡虫搏斗着，而这个叫声差一点儿就让他以为自己的耳膜都被震裂了，吃惊地望着门口，想看看是哪位客人这么大的嗓门。保罗也同样受到了惊吓。平时的罗伯特下来工作总是比他晚，可是今天他却比自己还要早就坐在了工作台前。这已经让保罗非常吃惊了，但让他更为吃惊的，还是正走进来的这个人，此人的声音和模样实在是太独特了。

据保罗目测，此人的身高接近两米，满头北欧人特有的耀眼金发。他的声音之洪亮从他的喊声就可以知道了，仿佛连工厂陈列柜的玻璃都在颤抖着。就在两个人惊奇地打量着进来的这位客人时，钱包夫人已经缓缓走过去，将那位“赫朗格尼尔”（北欧神话中最强大的巨人）迎了进来。

“赫朗格尼尔”大踏步地走进了工厂，钱包夫人殷勤地招呼他坐到贵宾椅上。看到他若无其事地坐在椅子上，罗伯特和保罗差一点儿惊呼出声，生怕椅子承受不了这位巨人的重量。

“我的钱包完成了吧？”

刚一落座，巨人就迫不及待地询问起自己的钱包。钱包夫人早料到他的心思，不等他说完，就走到陈列柜前，小心翼翼地拿出了从凌晨开始就做收尾工作的那个顶级钱包。此刻看上去，钱包愈发显得精致高贵。皮革洗液已经干了一些，让钱包的色泽比凌晨时分更加明艳夺目。罗伯特和保罗不约而同地张口“啊”了一声，赞叹地看着这个出色的钱包。“赫朗格尼尔”也把身体倾过去细细观赏，连连发出称赞声：

“喔！钱包夫人！你太厉害了，太厉害了！这个钱包远远超出了我的期待！”

“赫朗格尼尔”想也不想地立刻伸手，准备把眼前自己订制的钱包紧紧掌握在手里，那种对钱包的渴望不亚于任何客人。不过钱包夫人却轻巧地缩回了自己的手，说道：

“彼得斯委员，您接收钱包之前……”

看来早上钱包夫人提起过的彼得斯委员，就是这位“赫朗格尼尔”了。彼得斯委员对于夫人的举动感到莫名其妙，不禁问道：

“之前？……”

夫人打开了钱包，翻着钱包内侧说道：

“您能不能给这些孩子们讲一讲关于钱包内侧这个圆形图案的故事？”

就在这个时候，长房里突兀地响起了一声惊叫：

“啊？”

这声叫喊出自保罗。保罗现在的想法和早晨时罗伯特的担忧一样，也认为那个图案是钱包夫人在用熨斗时不小心留下的污痕，担心这个污渍会让客人不满意。不过，真正应该关心这一点的钱包夫人和彼得斯委员，却对这个图形没有表现出半分讶异。看到钱包的制作者和主人都没有对这个“污痕”有所反应，保罗大感疑惑。更让他感到惊讶的是，彼得斯委员竟然还要确认那个“污痕”的具体样子。

罗伯特毕竟在早上就已经从钱包夫人那里知道了答案，虽然觉得痕迹不像刻意的人为造成，但也只能接受夫人的解释了。但正因如此，罗伯特对彼得斯一家每次都要在钱包内侧刻上圆形图案就感到分外疑惑，非常好奇这个圆形图案究竟代表的是什么。他也不等彼得斯委员答应，干脆就拿着一张凳子坐在了彼得斯委员对面。

钱包夫人微微一笑，正式把彼得斯委员介绍给了罗伯特和保罗——

“孩子们，可能你们在电视新闻中也看到过这位先生，他就是美国联邦储备银行的首席委员鲁珀特·彼得斯先生。接下来，彼得斯委员将会给你们介绍这个圆形图案。”

夫人边说边把彼得斯委员的钱包打开，让他们重新观赏了一遍那个“圆”。但是不管罗伯特和保罗怎么研究，那个圆都只像是工作失误导致的污痕。

彼得斯委员和他们一起细心地观察那个形状，仿佛生怕它画错了一般。这个圆显然没有别的那些家族的徽章那么漂亮，也没有什么特殊的字母符号，但是在彼得斯委员看来，这个圆就代表了这个钱包的灵魂，是最重要的一笔。听到钱包夫人要求他讲这个图形的故事，彼得斯委员会意地朝夫人看了一眼，随即就对着罗伯特和保罗说道：

“好吧，既然夫人给我做了这么漂亮的钱包，那我也没理由拒绝她的要求。你们想不想知道这个‘圆’代表了什么意思？”

“想！”

罗伯特和保罗难得地有了一致意见。不，其实最近他们经常会有所交流，之前的僵持气氛已经不知不觉地缓解了。可能他们自己还没有意识到，媒介可能就是钱包，或者说，是对金钱的理解与渴望。

“在我们家族，这个圆是名副其实的魔法之圆，是不能随意告诉给别人的。”

彼得斯委员重新审视着那个圆，似乎穿过时空，回到了很多年以前：

“‘把这个圆当作传家宝，甚至要刻在钱包上以便随身携带。’这正是前不久刚刚去世的我父亲的原话。”

彼得斯委员说的是他的父亲罗曼·彼得斯，他是专业房地产公司罗曼房地产的创始人。

“我的父亲曾经和我说过一些话，那是对‘为什么穷人终其一生都赚不到钱’的一些看法。对了，你们知道这是为什么吗？”

“您是问，穷人为什么怎么样也赚不到钱，一辈子也没机会发财？”

“嗯，你们知道这是为什么吗？”

“那是因为……”

罗伯特和保罗想说点儿什么却是欲言又止，因为这个问题看似很简单，但想要很好地回答，却是一件很不容易的事，最起码他们现在就无法回答这个问题。两人抓耳挠腮地想了很久，最后还是露出“不知道”的表情，重新把视线落到彼得斯委员的脸上。彼得斯委员好像早就知道会这样，微笑着说道：

“那就是，他们都有一种错觉，这种错觉就是——‘人在赚钱’。”

“‘人在赚钱’是错觉？”

最近这段时间遇到的有钱人，多少都会有一些异于常人的经济观或世界观，因此罗伯特和保罗每次都会感到惊讶，但彼得斯委员的这番话却是最独特的。赚钱的难道不是人自己吗？是人有了需要，要想通过钱来换取自己想得到的东西。人是有意识的，而钱，只是没有自己意识的一种物件而已呀！

看到两人一副怎么也不能理解的表情，彼得斯委员继续说道：

“穷人们以为，只要自己认真赚钱、认真攒钱，就可以成为富豪。你们是不是也这么认为？”

“不就是应该这样吗？”

“是，如果在一家不错的公司里领着不菲的薪水，并且认真攒钱的话，应该可以拥有相当数量的财富。那如果他想要成为更大的富豪，应该怎么办呢？是更加认真地工作，还是更加认真地攒钱？或者我反过来问你们，只要比现在加倍认真工作，就能成为家财万贯的富翁吗？比现在加倍努力攒钱，就能成为身价上亿的富翁吗？”

这不是随便想想就能给出答案的问题。思考了一会儿，之前在工作和攒钱方面已经付出足够心血的保罗想到了自己的现状，虽然并不甘心完全承认，但也不由自主地点头表示彼得斯委员说的有一定道理。但是之前在生活开销中毫无节制的罗伯特，刚刚才有了“成为有钱人”的希望，而且也一直认为，只要自己振作起来并意识到工作和积蓄的重要性，成为富翁就只是时间上的问题，因此无论如何都不能接受彼得斯的这番话。

“那样，绝对不可能发大财当上富翁的。”

彼得斯委员的结论简单明了，狠狠打击了两个人的积极性。

“那应该怎么做呢？！我们已经很努力了，怎么还是没机会？如果不是人自己在赚钱，难道说还会有谁把钱白白送给你？”

彼得斯委员的回答简短而有力：

“替你赚钱的就是钱。”

“钱会为我们赚钱？”

彼得斯委员这次没有立即作答，而是从夫人手里拿过自己订制的钱包，把它打开，刚才一直被当作是污痕的圆形图案安静地躺在角落里，愈发引人注目。

“只要将一定数量的钱放到这个圆里面，那些钱就会开始给你赚更多的钱。”

彼得斯委员炫耀似的说道。

两个人认认真真、反反复复观察着钱包里的那个圆，但是怎么也不能理解“用钱来给你赚钱”的具体含义。不，他们连这个圆究竟象征着什么也不知道。

“那，这个圆究竟是什么？”

“也不是什么特殊的圆，只是一个圆圈罢了。”

这明显不是两人期待中的答案。

“但是对我来说却是最重要的圆圈，正是它让我懂得了钱的真意。”

彼得斯委员开始讲起了他小时候的故事，他的声音变得冷静而低沉，仿佛陷入了某种回忆一般，迥异于刚才的开朗、轻快。

钱包夫人欣慰地看了他们一眼，但很快就又装成漠不关心的样子，慢条斯理地整理着工作台。

彼得斯委员讲述的故事发生在一个秋天，他10岁生日的早上。

早上起来的时候，10岁的小彼得斯期待着床脚处会和往年一样，放着父母在前一天晚上准备的礼物箱。不过让他既惊讶又失落的是，床边根本就没有礼物。

彼得斯委员和之前光临钱包工厂的富翁们不一样，他出身豪门，从小就在家族的庇荫下成长。在他10岁的时候，他的父亲罗曼·彼得斯已经是专业房地产的著名中介商，在他们生活着的西雅图一带，被誉为“房地产之王”。

也就是说，小彼得斯从小就衣食无忧，泡在蜜罐里没受过半点苦，他的父母根本就没有理由不为可爱的独生子准备10岁生日礼物呀！可是现在，小彼得斯却无论如何也找不到他们送给自己的礼物，对于一个小孩子来说，过生日最期待的就是收礼物，没有礼物，真是比天塌下来更严重！就在小彼得斯哭丧着脸坐在床上的时候，他的父亲走进了房间。

“鲁彼！起床了？”

年幼的鲁珀特·彼得斯故意没有做声，想要让父亲知道自己有多生气。不过父亲的神色一如往常，像平时一样坐在床头抚摸小彼得斯的头发，亲切地说道：

“祝你生日快乐，鲁彼！”

小彼得斯终于忍不住自己的不满，红着小脸嘟起嘴，生气地说道：

“今天是我生日！”

“嗯，我也知道。刚才不是说了祝你生日快乐吗？”

父亲故作平静的样子让小彼得斯很恼火，他又想到，父亲可能是准备“突然袭击”，要给他一个惊喜，但是不管他怎么观察，都没有在父亲身上找到可以藏下礼物的地方。

“礼物呢？我上次明明说过，想要在10岁生日时拥有一架模型飞机的！”

小彼得斯异常生气，跳着脚大叫起来。虽然他委屈的眼泪都已经流下来，但父亲的表情却还是一副平静的样子。直到小彼得斯不再流泪，父亲才默默地从口袋里拿出一个东西。

“这是什么？”小彼得斯揉揉眼睛看过去。

“你的种子。”

“种子？”

“可以让你成为富翁、让你真正成为我们彼得斯家族成员的种子。”

那是一个信封，信封里竟然是崭新的100美元。小彼得斯长这么大，所有的吃穿用戴都是父母买给他的，根本不需要自己去买东西，这100元还是他第一次拥有“巨款”。

“吃完早餐后，你就拿着这些钱出去吧。碰到一些想做的事情或想买的东西，你就尽情地花掉这些钱。”

说完这番话，父亲就自己下楼去吃早餐了，留下小彼得斯一个人坐在床上，出神地望着父亲刚刚留下来的100美元纸币。

用完早餐，小彼得斯就和自己最好的朋友布利克一起，骑着小自行车来到了街上的大型购物中心。对当时刚满10岁的小男孩来说，100美元绝对是一笔巨额现金。购物中心非常大，里面有琳琅满目的商品，时刻诱惑着小彼得斯，比如各种新式的玩具、帅气的棒球装备、种类丰富的五彩糖果和冰激凌，等等。

小彼得斯紧紧攥着口袋里的100美元，它好像可以买很多东西，但似乎又不可以把喜欢的全部买下，真的很难选择啊。他站在缤纷缭乱的商店大厅，陷入了苦恼，完全不知道自己该怎么选择。

但是……

傍晚回家的时候，小彼得斯的手里什么东西也没有拿，早上父亲给的100美元还安静地躺在他的口袋里。

“这是为什么？”

听到这里，保罗忍不住性急地插嘴问道。彼得斯委员还没有回答他，同为听众的罗伯特就替他解释开了：

“应该是不符合自己的花钱规则吧。判断一件物品是否符合自己的价值标准、是否值当前的价格、能不能回收现在付出的代价，这之后，再决定是否打开钱包。而且，每次打开钱包时都要三思而后行。如果纯粹因为便宜或者一时心动就掏钱的话，买回来的大部分物品其实都是没有什么实用价值的东西。”

保罗闻言惊讶地看向罗伯特，虽然最近已经有所察觉，但听到这番话，他更加确定现在的罗伯特绝不是以前的罗伯特了。

一边整理工作台一边倾听他们谈话的钱包夫人也露出欣慰的笑容，她小声嘀咕了一句：“看来真的要感谢你啊，斯宾塞大法官。”

彼得斯委员进一步解释说：“不错，这个也是很重要的理由。豪门世家之所以会产生更多富豪，固然和他们的起点更高有关，但我觉得，更重要的原因在于，他们从小就能学到金钱的含义和正确的用钱之道。我也一样，因为从小就在爸爸身边耳濡目染，等到真正拿着巨款时，首先想到的是先攒钱，而不是立即买下心爱的物品。手头上一有钱就都花出去，这可不是富人家庭的孩子的作风。一旦碰触到金钱，他们的敏锐感觉就出现了，即使是小孩子也继承了这种基因。”

看到小彼得斯拿着100美元回家，他的父亲罗曼·彼得斯露出了欣慰的笑容，眉开眼笑地把爱子抱到了自己的膝盖上。

“我的孩子，那接下来，你准备用这些钱做什么呢？”

“我要让它成为爸爸早上说过的‘种子’，让这100美元成为我自己的‘种子’，可以让我长成大富翁”……

听到这里，罗伯特和保罗不得不承认，彼得斯委员刚才提过的富人的孩子从小就能学到金钱的含义和正确的用钱之道，因此更容易成为富翁的论断，的确是有道理的。从幼年开始就耳濡目染接受家族关于金钱的教导和训示，接触到的基本都是有钱人，在这样的环境下，自然会养成好的习惯，对他们来说，金钱的意义就像玩具一样，是一直陪伴自己成长的。幼小的彼得斯说的正是“种子”（创业资金）的重要性，而且从这样的小孩嘴里说出来，还会觉得挺自然。

“嗯，那你想怎么用这些钱让自己成为富豪呢？”

听到父亲的提问，小彼得斯很认真地找出画笔和纸，在书桌上画出一些堆得整整齐齐的砖块。

“首先，我会从这100美元开始认真攒钱。虽然现在只有100美元，但是只要我一直节省零用钱，我很快也会成为像爸爸一样的富翁。”小彼得斯自信而得意地说道。

但是，父亲却摇了摇头，说道：

“你说的也没错，鲁彼。但是你如果真的想成为大富豪，那你就要记住我接下来画出来的东西。”

紧接着，罗曼·彼得斯就在砖块旁边画了一个大大的圆。

“就是这个圆？”

保罗和罗伯特异口同声地问道。彼得斯委员点了点头，继续说道：

“这个圆就是父亲给我留下来的最大遗产，也是让我能走到今天的法宝。”

彼得斯委员迅速地在置于罗伯特和保罗两人面前的纸上画了一个圆。乍一看，这个圆就是一个普通的圆形，但是仔细观察就会发现，这个圆并不是一个真正的圆，它的两边没有连接，就像一个由内向外的旋风一样。

当时的小彼得斯也不能理解父亲画的这个圆究竟代表什么。父亲看出了他的困惑，慈祥地为他解释：

“就像你说的一样，认真工作、认真攒钱的话，至少不会贫穷，还有可能会变得比较富裕。但是，想要成为富甲一方的富翁，仅仅如此还是远远不够的。”

“这是为什么？”

“你堆砌的砖块（资产）上升的速度不会超过整个社会堆砌砖块上升的速度，反而可能会越来越落后于大环境增长的速度。随着物价上涨和其他人堆砌砖块的速度越来越快，你堆砌的砖块可能就没有你想象中的价值了。”

就算孩子还小，还不能完全理解其中的经济学原理，他也至少知道父亲否定了他的看法。意识到自己本来的计划有可能是错误的，小彼得斯焦急地问道：

“那我应该怎么办呢？”

父亲没有说什么，只是指着他刚才画出来的圆。

“圆？”

“就是这个圆圈，你要把钱放到这里面去。”

小彼得斯目不转睛地看着那个圆，父亲继续告诉他这个圆圈的神秘：

“金钱可以说有两种性格，那就是储存性和流动性（交换物品）。就像你画的这些砖块一样认真攒钱的话，钱的确会越来越多，这是储存性；你在白天去购物中心准备用金钱来购买某些东西，这就是流动性。换一个角度来说，金钱既是一种目的，也是一种手段。它是非常奇妙的。”

对于年幼的小彼得斯来说，这番话非常深奥，要想全部理解实在是太困难了。不过，他觉得自己已经大致理解了父亲的话。

“普通人在攒钱的时候，一般都会选择最大限度地利用它的储存性。不过，仅靠这种方法，肯定会有一个界限。那个界限就是我刚才说过的内容。”

“那您的意思是，为了充分利用金钱的‘流动性’，我们不应该选择攒钱，而是应该买下其他东西来囤积，是这样吗？”

保罗再一次插嘴问道。

“你说得对，我们不应该只攒钱，而是应该用其他方式来把钱留住。”

保罗和罗伯特大感意外地望向彼得斯委员，问道：“那应该买下什么呢？”

“或者，黄金？”罗伯特想起了陈教授的教导，不由得开口问道。

彼得斯委员却摇了摇头，说道：

“囤积黄金可能也是个不错的办法，但那只是一部分。我们如果想要成为真正的有钱人，就应该用钱买下……”

彼得斯委员停顿了片刻，继续说道：

“钱。”

本来神经绷得紧紧、充满期待的罗伯特和保罗，听闻此言，不由得扑哧一声笑了出来。可是彼得斯委员明显没有开玩笑的意思，他指着刚才画出来的圆继续说道：

“钱这个东西总是在流动的。来到你手里以后，又会从你的手里流出去。这一点你们同意吧？”

“是。”

“攒钱肯定也是成为富豪的原因之一，但是如果细心观察的话，正确地调节流出金额和流入金额之间的循环过程，更容易成为富豪。这一点你们也同意吧？”

“是。”

“富豪，其实就是在这个循环过程中最大限度地增大流入金额和流出金额之间的差额的人。对这一点，你们应该也不会不同意吧？”

“是。”

“好了，我讲完了。富豪的手段其实也很简单，他们只是塑造了一个非常牢固的循环体系，然后一直优化它，并尽量增大流入金额和流出金额之差，最后再最大限度地提高循环速度。此外，他们还会在多个领域里继续塑造这样的循环系统。”

彼得斯委员的话并不难理解，但是想要彻底明白他具体阐述的东西，却也不是简单的事情。

仿佛看出了罗伯特和保罗的这种想法，彼得斯委员接着讲述自己小时候的故事。

鲁珀特·彼得斯委员的父亲罗曼·彼得斯亲切地给年幼的儿子讲解了“金钱循环链”，然后劝他把100美元的一部分存到普通银行，剩余部分则用来购买位于西雅图的小船舶公司的20股股票。

一年后，该股票翻了五番，罗曼·彼得斯再次劝他把投资股票赚来的钱分开投资。一部分存到利息较高的投资银行，另一部分则分别购买两家码头搬运公司和一家船舶公司的股票。第二年，这些股票也均有增长，少则两番，多则翻了六番。

在之后的五年里，小彼得斯也一直按照父亲的吩咐进行分散投资，一直维持着前两年的获利模式。

很快，他就拥有了一个“不停循环的圆”，也就是“资产→投资→产生利润→分开本金和利润→存好本金→利润投资到高风险的商品→资产增加→投资”。

再过三年，小彼得斯成年以后，他的父亲就劝他独立经营部分资产。此后在北卡罗来纳州上大学的四年时间里，彼得斯不仅通过股票赚钱，还直接对企业进行了投资，并进行小规模住宅区的交易活动，皆有斩获。每次赚到钱的时候，他都会塑造一个“循环链”。

每次将资产投入到某一部分时，彼得斯就会将它分散投资，或是利用之前分散开来的资金凑成一个循环链。在大多数情况下（也有过几次失误和失败），他朝这些“循环的圆”扔进去的钱给他带来了丰厚的回报。

“如果我当时花掉了一部分，然后再把剩余的资产用普通方法存起来的话，现在应该也够在西雅图买一座小型住宅了。大部分的人都会选择这个方法，赚到的钱当然也是有限的。”

细细想来，保罗和罗伯特的目标也仅仅如此而已，买下房子，过上体面人的生活。其实对他们来说，这样的富有已经足够了。

“那，彼得斯委员？……”

“成年后我就正式开始了投资活动，并在前三年的时候就已经赚到了和上面所说数量相当的财富，后三年赚到的金钱则相当于前三年的10倍。”

“赚钱的速度为什么变得更快了？是因为投资额变大了吗？”

“投资金额变大也是原因之一，但更重要的原因是循环速度变快了。”

“让循环速度变快……”

“你们知道最近M&T银行一般储蓄的利率是多少吗？”

“据我所知，4%左右。”

让人惊讶的是，回答的人并不是常去银行的保罗，而是几个月前还喜欢花天酒地的罗伯特。近段时间，罗伯特对于金钱的知识变得丰富了起来。

“说得对，正确地说应该是普通理财产品3.3%起、优惠理财产品6.63%起。但是，如果说我可以给你10%的利息，条件是在未来三年里不能取出，你会怎么办呢？”

“这都不用考虑了！”

“嗯，你们应该是会毫不犹豫地接受吧？但是这里有一个陷阱，那就是‘未来三年里不能取出’。这句话的意思就是，你们能得到10%利息的代价为不能加快循环速度。银行的想法是，在你满足于目前的利息时，他们就更加有效地调节循环速度，从而获得更高的利润。其实，银行之所以能推出高利息的理财产品，根本原因并不是他们可以用相同的资金创造更多的利润，而是他们可以把更多的资金投入到循环链，并且可以迅速地抽出来。”

罗伯特和保罗默默地点了点头。之前他们认为只要认真工作、认真积蓄就会成为富豪，经历了许多富翁的教诲，此刻又听了彼得斯委员的话，这一刻起，那个保守的攒钱想法已经彻底破灭了。

“如果我是你们，我就只把那些必不可少的资金投入到银行的高利息理财产品，保持缓慢但稳定的增长。剩余的资金，我会投入到一些虽然有风险，但也可以创造出巨额财富的地方，然后在那里塑造出一个循环链。”

罗伯特和保罗的脸上浮现出恍然之色，似乎也逐渐开始理解彼得斯委员的话了。保罗忽然恍然大悟地拍了一下掌，把罗伯特吓了一跳。

“我们经常说的‘不要把鸡蛋放在一个篮子里’，就是这个意思吧？”

“你说得非常正确，用富翁们的话来表述就是：多塑造几个循环速度各不相同的循环链。”

罗伯特也击节赞叹，说道：“原来，答案就是怎么塑造‘循环链’，怎么让它稳定而快速地循环。”

彼得斯委员没有做声，只是欣慰地点了点头，眼前仿佛也浮现出父亲当年第一次给自己讲解通过循环链创造财富时的样子。

一直暗中观察他们的钱包夫人终于走了过来，然后把一个小标签贴到彼得斯委员的钱包上，这个小标签表示该钱包出自钱包工厂的钱包夫人。由此，钱包夫人给彼得斯委员制作的钱包终于宣告完成，而彼得斯委员有关“调节循环速度”和“打造厚实钱包”的演讲同时也宣告结束了。

用钱来生钱，这句话乍一听很简单，实际上蕴含着无数富翁从前辈和自己身上总结出的致富规律。先有了用钱去塑造循环链的意识，再动手亲自实践，循环相生，生生不息，财富就是这样为你带来更多财富。这也就是为什么真正的有钱人总是有花不完的金钱的原因吧？

过不多久，彼得斯委员就站起来，一边朝着门口走去，一边继续说道：

“钱是流动的，因此就算你放任不管，也可能会出现一个以你为中心的循环链。不过更加重要的是，你要判断该循环是恶性循环还是良性循环、能否主动调节循环速度。”

直到开门而出的时候，彼得斯委员才转过身来望着他们。罗伯特和保罗也在抬头望着他，都没有做声，仿佛还在消化他的话。彼得斯委员思考了片刻，重新打开了手里的新钱包，指着那个“圆”说道：

“真正的富翁既不是‘很会赚钱的人’，也不是‘很会攒钱的人’。他们只是一群‘很会塑造出金钱循环体系的人’。”

创造金钱的循环链

如果能在一家不错的公司里领着不菲的薪水，并且认真攒钱的话，应该可以拥有相当数量的财富。

但是，如果想要成为更大的富豪，应该怎么办呢？是更加认真地工作，还是更加认真地攒钱？

或者反过来说，只要比现在加倍认真地工作，就一定能成为家财万贯的富翁吗？比现在加倍努力地攒钱，就一定能成为身价上亿的富翁吗？

你堆砌的砖块（资产）上升的速度不会超过整个社会堆砌的砖块（资产）上升的速度，反而还有可能越来越跟不上大环境的速度。

随着物价上涨和其他人堆砌砖块的速度越来越快，你堆砌的砖块可能就不会有你想象中的价值了。

金钱可以说有两种性格，那就是储存性和流动性（交换物品）。

你认真攒钱的话，钱的确会越来越多，这是储存性。

你在购物中心用金钱来购买某些东西，这就是流动性。

富豪们其实就是在金钱的流动循环过程中，最大限度地增大流入金额和流出金额之间的差额的人。

富豪的手段其实也很简单，他们只是塑造了一个非常牢固的循环体系，然后一直优化它，并尽量增大流入金额和流出金额之差，最后再最大限度地提高循环速度。

此外，他们还会在多个领域里继续塑造这样的循环系统。

打造你的魔法钱包

记住这个公式：资产→投资→产生利润→分开本金和利润→存好本金→利润投资到高风险的商品→资产增加→投资。

每次投资时，富人都会采用分散投资法，或是利用之前分散开来的资金凑成一个循环链。

银行的想法是，在你满足于目前的利息时，他们就能更加有效地调节循环速度，从而获得更高的利润。

银行之所以能推出高利息的理财产品，根本原因并不是他们可以用相同的资金创造更多的利润，而是他们可以把更多的资金投入到循环链，并且可以迅速地抽出来。

以后，只把那些必不可少的资金投到银行的高利息理财产品里，保持缓慢稳定的增长；剩余资金投到一些虽然有风险，但也可能创造出巨额财富的地方，然后在那里塑造出一个循环链。

不要把鸡蛋放在一个篮子里，用富翁们的话来表示就是——

多塑造几个循环速度各不相同的循环链。

钱是流动的，因此就算是放任不管，也会出现一个以你为中心的循环链。

不过更加重要的是，要判断该循环是恶性循环还是良性循环，以及自己能否主动调节循环速度。

魔法钱包要对你说……

职业无贵贱，指的是那些把一个职业做专做精的人。

豪门世家之所以会产生更多富豪，固然和他们的起点比别人高很多有关系，但更大的原因是，他们从小就开始近乎本能地学习到金钱的含义和正确的用钱之道。

富豪的孩子从小就在富人身边耳濡目染，等到真正拿着巨款时反而会更多地想到先攒钱，而不是立即买下心爱的物品。

手头上一有钱就都花出去，这可不是真正的富人家庭孩子的作风。

一旦碰触到金钱，富人的敏锐感觉就出现了，即使是小孩子也继承了这种基因。

你可以顺便回忆一下，自己小时候拿到压岁钱时的做法。

穷人用人(自己）生钱，富人用钱生钱。

“用钱来生钱”，这句话乍一听很简单，实际上蕴含着无数富翁从前辈和自己身上总结出的致富规律。

先有了用钱去塑造循环链的意识，再动手亲自实践，循环相生，生生不息，金钱就是这样为你带来更多财富。

这也就是为什么真正的有钱人总是有花不完的金钱。

真正的富翁既不是“很会赚钱的人”，也不是“很会攒钱的人”，他们只是一群“很会塑造出金钱循环体系的人”。

规则 6

用富人的方式去思考和做事

我应为王。

——比尔·盖茨

几个月过去了。

和几个月之前相比，保罗和罗伯特此刻发生了天差地别的变化，他们已经有了明确的生活目标，每天都怀着对未来的美好憧憬去工作。工房的氛围也变得格外活力洋溢，诞生出了一个又一个顶级的钱包。

在这种热火朝天的环境中，罗伯特更是不敢懈怠，他最近几乎是隔两三天就熬一次通宵，为参加几天后的工艺比赛做着准备。尽管钱包夫人和保罗对罗伯特的参赛作品非常好奇，但是不论他们怎么恳求，罗伯特总是说没到比赛当天就不能给任何人看。

就这样，度过最后这几天繁忙而快乐的日子，全美皮革工艺大赛终于开幕了。

“怎么样，罗伯特？你的作品能不能当选为‘今年最佳作品’？”

保罗拍了一下罗伯特的肩膀，看上去比罗伯特还在意这次比赛。上次和佐丹奴会长相遇之后，保罗的第一次投资就是罗伯特的参赛材料。

“不清楚呢，优秀的作品本来就很多……不到最后一刻谁也不知道啊！”

没过多久，就到了介绍今年的参赛作品和选出最优秀作品的时间。罗伯特和保罗此时都坐在现场，紧张地注视着每一个呈现在舞台上的参赛作品。不过，罗伯特为钱包夫人特意留着的座位却是空的，她已经提前回去了。钱包夫人觉得自己脆弱的心脏不适合让她待在这种充满紧张气氛的地方，而且她还说有个钱包是必须赶在今天完成的。

巧合的是，最后展示的就是罗伯特的作品。

“接下来是今年最后一个参赛作品，罗伯特·贝尔迪的作品《教诲》。他的老师正是华盛顿的伟大巨匠‘钱包夫人’——弗朗西斯科·普罗迪。”

幕布缓缓升起，罗伯特的作品随着闪耀的灯光显现在舞台上。保罗一看到罗伯特的作品，不由得吃了一惊，台上是六个皮革工艺品，但是它们实在是太小了，只要距离稍远就会连看都看不清楚。

很快，观众席上就有人发出了嘘声。在罗伯特之前展示的作品，每件都非常庞大，不论从外观上还是造型上都各有特色，从箱子大小的作品到一头成年大象那么大的模型都有。和那些千姿百态的作品相比，罗伯特的这六个小东西实在是太过寒碜了。

很多观众开始起哄，在场内的骚乱中，主持人开始阅读作品说明：

“我的老师钱包夫人曾经说过，在用皮革制作钱包的时候，重要的不是让人们看到作品本身的外观形象，而是要看到将要放到里面的思想精神，让它拥有自己的灵魂。我这次制作的是六个小钱包，但是，这六个小钱包里却包含着拥有它们的人所具有的精神、生活和文化方面的内涵。我想通过这六个小钱包，表现出曾经送给我人生智慧的六个人所具备的思想，让这些钱包的灵魂时刻引领着我，带着我走向自己的未来。”

主持人的说明结束后，这段感性的语言很快引起观众们的好奇，场内逐渐响起了越来越大的掌声，人们怀揣着对这六个钱包故事的猜测，走上台去观看罗伯特的作品。

保罗也揽着罗伯特的肩膀一起走到展台上，仔细观察他的作品。只见六个风格各异的钱包安静地躺在红色绒布上，任由人们评头论足。保罗很快就有了一个惊奇的发现：罗伯特这次的参赛作品竟然和钱包夫人曾经给布兰森议员、斯宾塞大法官、陈天通教授、佐丹奴会长、彼得斯委员等人做过的钱包非常相似。

“是不是很吃惊？这次我特意模仿了夫人制作的五个钱包。

当然，如果你仔细观察的话，能发现每个钱包的设计风格都有所不同……”

保罗点了点头表示赞同。虽然第一眼看起来它们都很相似，但只要细心分辨，就不难发现其实每个都是完全不同的钱包，似乎它们存在的目的，只是想表达制作人的一种敬意。

“那个钱包是让我们学会‘真心爱钱’的布兰森议员的；那个是让你懂得‘遵守专属于自己的钱包规则’的斯宾塞大法官的；后面的钱包是告诉我们‘在恰当的时机打开或合上钱包’的陈天通教授的；前面的这个钱包是让我明白‘要关心把钱花到哪里，而不是花了多少’的佐丹奴会长的；还有那最后面的钱包是‘塑造一个以钱赚钱的循环链’的彼得斯委员的……是这样，没错吧？这么说来，那最中间的钱包是什么？我不记得做过这样的，好像是第一次看到。”

其中的五个钱包和保罗之前看到过的钱包都有相似之处，他一眼就能辨认出来，但是中间的钱包却很陌生。它和其他五个钱包比起来显得格外平凡，而且也最没有特色，但正因如此，却变得非常显眼。罗伯特若有深意地朝保罗笑了一下，没有作答。

“夫人！夫人！我们回来了！”

还没有到门口，罗伯特就大声叫嚷了起来，保罗则默默地紧随其后。本来坐在工作台前的钱包夫人放下老花镜，走到门口迎接他们。

“嗯，怎么样？你有没有实现自己的豪言壮语，拿到第一名啊？”

罗伯特用力摇了一下头，说道：

“没有，不要说第一名了，连入围都没有。”

虽然说着“连入围都没有”，但是罗伯特的声音却像获得了第一名那样有活力。

“高手太多了，我没有倒数第一就已经谢天谢地了呢。”

钱包夫人没有继续问下去，而是拍着他们的后背说“辛苦了”。罗伯特和保罗两人最近的确非常辛苦，不仅没有假期，还不分昼夜地为钱包工厂的经营而努力工作，而且他们的成绩也令人感到欣慰，工厂的营业额在持续攀升。

其实，最近钱包夫人并没有亲自着手制作其他的订单，最多的是给他们两人制作的钱包处理收尾工作。

这两个年轻人已经不是以前的青涩见习生，而变成了钱包工厂的顶梁柱，俨然成为下一代的钱包夫人。

“夫人，我们出去吧，找个地方享受一顿丰盛的晚餐。”

“是啊，虽然没有得到第一名，但今天是罗比正式以工艺家的身份登场的日子呢！我们至少也要自己开一个庆功宴给他庆祝庆祝。”

两人搭着彼此的肩膀一副好哥们的样子，一个劲儿地催促钱包夫人一起出去吃顿饭乐一乐。看他们现在亲密的样子，谁又会想到他们曾经非常讨厌对方，甚至都到了水火不容的地步呢！

但是，钱包夫人却重新戴上了套袖，说道：

“我有些事情必须今天完成，你们两人自己去好好玩吧。”

“要完成的事情？那些预订的钱包，我们两个不是都已经做好了吗？”

“是啊，如果还有工作要做的话，我们也不出去了，一起先把活干了再说吧。”

夫人欣慰地看着充满积极性的两个人，但还是拒绝了，推着他们的背让他们自己去玩：

“这是需要我一个人完成的事情，你们在的话我就不能正常工作了。你们快些出去吧，年轻人的娱乐我就不参与了，今天就尽情地玩吧！”

罗伯特和保罗只好放弃叫上钱包夫人的念头，走出工房来到大路上。

“不过，我们去哪里玩呀？”

“是啊，去哪里好呢？”

二人开始兴致勃勃地讨论今晚的活动，积压了很久的疲惫好像就等着在这天释放。他们高兴的不仅仅是参加了一次比赛，而是清晰定位了自己的人生目标，从今以后，再也不会在人生道路上迷茫了。

嘎吱，嘎吱，嘎吱。

工厂里依然响着处理皮革的声音。

这时候，夜已经深了。

罗伯特和保罗玩到很晚才回来，他们生怕吵醒钱包夫人，推开门走进来的时候蹑手蹑脚，不敢弄出一点儿声响。但让他们大为惊讶的是，钱包夫人并没有睡，而是坐在工作台前埋头工作着。

“钱包夫人！您还没有睡啊？”

罗伯特讶异地叫道。钱包夫人疲惫地抬起头朝他们慈祥地笑了一笑，随即重新埋头工作起来。

“已经凌晨两点了，夫人！”

保罗看着表说道。不过钱包夫人的目光依然留在工作台上，时间对她来说好像完全没有意义。大约几分钟后，夫人才大大地伸了一个懒腰，似乎终于做完了。

“您究竟在做什么啊，竟然工作到现在？”

两人凑到了钱包夫人的工作台，发现上面放着两个刚完工的钱包。

“有人突然预订了钱包吗？而且还一下子订了两个？”

罗伯特和保罗分别拿起一个钱包，前后左右仔细端详了起来。

这两个钱包不愧是钱包夫人亲手制作的，每一处边角都非常完美。两人喝酒喝到现在虽然早已有了醉意，但是眼前的钱包却让他们精神一振，忍不住连声赞叹。

“这并不是别人预订的，而是我给你们两人做的钱包。”

他们定睛一看，钱包内侧果然分别刻着两人名字的开头字母，而且这两个字母显然也是精心设计的，漂亮极了。

两人突然收到钱包夫人的礼物，一时间都不知道该怎么表达自己的心情，那些感谢的话一大段一大段地堵在心头，却一个字也说不出来。

看他俩怔怔地站在原地不动，钱包夫人关上工作台的灯，摘下套袖走到工厂中间的沙发，舒服地坐了上去，然后把他们叫了过去。

“以前每次看到你们，我都觉得你们还是两个毛头小伙子，是钱包工厂里还不懂事的见习生。不过，前不久我看到你们逐渐开始创造自己的人生和财富，而且充满自信。从那时候开始，我就知道应该着手制作我人生中这最后的两件‘收官之作’，直到今天才终于完成了。”

两人的目光重新落回到手里的钱包上。它们不愧为钱包夫人所说的“收官之作”。好的手工艺品就是制作人的心血精华，加上夫人巧夺天工的技艺，这钱包完全就是艺术品。

“不过，我真正想要送给你们的钱包却不是这些。”钱包夫人话锋一转，让二人没明白她的意思。

“那是？”

“我早就已经交到你们手里了。”

“啊？”

钱包夫人的话让罗伯特和保罗深感不解，他们没有往其他方面多想，只是回忆着钱包一类的礼物这可是第一次收到啊。虽然已经在钱包工厂工作了好几年，可他们却从来没有要过钱包等东西，那夫人指的又是什么呢？

看着他们一脸的茫然和疑惑，钱包夫人低沉的声音在他们耳边响了起来：

“你们和布兰森议员、斯宾塞大法官、陈天通教授、佐丹奴会长、彼得斯委员等人的相遇就是我送给你们的礼物。这五位富豪向你们传授了如何打造专属于自己的钱包、如何填充自己的钱包、如何守护自己的钱包等方面的技巧，而这正是我想要送给你们的‘真正的钱包’。”

二人这才明白夫人的良苦用心，想起了最近几个月接连不断和那些富翁们相遇并得到指点，若非刻意安排，的确是太过巧合了。

钱包夫人送给他们的这个“真正的钱包”，实在意义非凡。通过和那些有着丰富人生经验和金钱感悟的人们交谈，保罗和罗伯特吸取了经验教训，学会了创造、保护自己的资产并让它增值的方法，这都是他们在以前连想都没有想过的千载难逢的机遇。

“好了，接下来你们就用之前所学的知识，让你们手里的这个钱包变得和那些人的钱包一样吧。”

罗伯特和保罗体会到钱包夫人为了解决他们的困扰精心安排了这么多事情，不由得大为感动，不约而同地低下头，深深鞠了一躬。可即使如此，也不能完全表达他们激动的心情。

猛然间，保罗想起了钱包夫人刚才的话，急忙问道：

“对了，您刚才说这两个钱包是‘收官之作’，这是什么意思啊？”

钱包夫人坐直了身体，说道：

“就是字面上的意思啊。我的身体已被我折磨得太久了，现在似乎也到了好好休息的时候啦。”

“啊？那这家工厂呢？”

“不是有你们两个吗？”

“我们？”

夫人突然说要把工厂的责任交给两个年轻人，他们完全没有心理准备，惊讶之余，更觉得担子太重、难以承担。“不行的，我们现在还有很多不足之处，怎么能够承担这么重大的责任啊！”

看着他们连连摇手推脱，夫人语重心长地说：“你们说错了。如果单论皮革工艺，你们已经青出于蓝了。不过想要让钱包工厂一直发展下去，只靠制作皮革的手艺还是远远不够的。”

罗伯特和保罗分坐沙发两侧，默默聆听着钱包夫人的教诲。

“那么接下来，我就把我‘真正的钱包’送给你们，就是让钱包工厂走到现在这个高度的‘钱包的真谛’。”

钱包夫人分别抓着他们的一只手，一边用手指数着，一边开始讲自己的“真正的钱包”。

“第一，要勤劳。只要是能带来钱的地方，就算离得很远也要跑过去。这就是我要说的勤劳，懒鬼富翁是不存在的。在我年轻的时候，只要可以收购到廉价的优质皮革，就算要走上好几个小时的山路，我也一定会走到那里买皮革。”

就算是现在，钱包夫人也依然如此，只要可以用稍微低廉一点的价格购买到优质皮革，钱包夫人就宁愿到每个小胡同去仔细寻找打听。就算不考虑这一点，钱包夫人以年近七十的高龄始终如一地最早到达工厂、最晚离开工厂，如此敬业负责的态度，也足以证明她的勤劳。

钱不会自己长腿去找你，所以你一定要主动去找钱。不要等着好事会从天而降，只有先付出努力，才能具备成功的基本资格。

“第二，富豪们的钱包始终是很薄的。这是说，他们不会携带大量的现金。只要带着钱，我们就难免会花掉它，因此我们出门的时候，应该尽量不带钱或少带钱。其实，我钱包里的钱一直都没有超过100美元。而且，我身边也有很多连一张信用卡都没有的亿万富豪。”

两人想起了布兰森议员和彼得斯委员把旧钱包里的钱转到新钱包时，他们随身携带的钱远比想象中有钱人应带的现金要少得多。

“第三，能发大财的人绝对不相信没有亲眼看过的东西。你们也可以这么理解，没有一个富翁会喜欢在网络上购物。”

那些商品缤纷夺目地排列在网页上，让人不管需不需要都会有购买的欲望，再加上网上付费的方式让你感觉不到自己把钱掏出钱包，这更会养成不知不觉花掉大笔金钱的购物习惯。

以前，罗伯特偶尔会在晚上有空的时候就以网上购物的形式购买一些没什么用处的东西。虽然最近已经改掉了这个习惯，但听到这儿，他还是感到有点儿不好意思，脸微微红了。保罗和钱包夫人也知道罗伯特的过去，冲他点点头，微笑着抚摸他的后背。

“第四，确保固定收入是能否成为富豪的关键。无论是多么出色的个人投资者，有固定收入和没有固定收入的差别是很大的，尤其是在资产管理的稳定性方面。不论你的额外收入有多少，想要成为富翁，就必须确保拥有固定的生活费来源。”

钱包夫人没有片刻的停顿，一句紧接着一句地往下说。那种抓紧时间把自己最后能传授给他们的知识讲完的架势，仿佛真的准备从明天开始就对工厂的事情撒手不管、钱包工厂从此退出她的生活一样。

“第五，富豪们总是希望可以多和其他的富豪会面。在这个过程中，他们可以共同分享能够带来财富的信息，并为双方都能积攒更多的金钱而相互提供帮助，互惠互利，互相学习。我觉得，你们也应该努力去结交一些有钱的朋友。和那些真正在社会上找出自己的道路并拥有与众不同的财富理论和实践的富翁接触多了，对你们一定大有裨益。比如我和布兰森议员、斯宾塞大法官、陈天通教授、佐丹奴会长、彼得斯委员等人成为朋友后，我也像你们一样从他们那里得到了很多信息和教诲，并且将之转化成自己的经验，收获了大量的财富。还有第六是……”

这第六个道理似乎就是钱包夫人想要传授的最后一条“钱包的真谛”了。钱包夫人把声音加重，显然是在强调这一条的重要性和关键性。

罗伯特和保罗也随着她的语调而竖起耳朵，生怕听漏了一个字。

“——把自己的思想转变成‘富翁的思想’。”

“富翁的思想？”

“嗯，就是转变成和大多数人不一样的富翁们的思维模式。就算是看待同样一件事物，富翁们看到的、感受到的和用大脑判断出来的结果都和普通人不一样，这就是富翁与众不同的思想。这一点你们也应该从最近接触的那些富翁中感受到了吧？他们带给你们的不光是让钱包变鼓的道理，更多的是他们对待金钱的思考方式。如果说普通人只懂得把100万分给100个人从而让每人得到1万，那富翁们就是懂得从每人手里赚1万就能赚100万的人。这个道理其实很简单，但是能意识到其中的差别，你就跟一般人不一样了。也就是说，这两者的层次明显不一样。”

“不过，您这句话的意思不就是坊间总在议论的‘有钱人都是吝啬鬼，只想着赚钱，根本不懂施舍’的另一种说法吗？”

钱包夫人没有立即回答，而是露出了平静的笑容。

“你现在还不会以‘富翁的思想’来思考问题，而是一直用‘自己惯有的思想’来看待和判断问题，所以你才会那么说。详细地讲解起来比较烦琐，我还是举个例子吧！

“宗教上有这么一句话：有钱人去天国，比骆驼钻进针孔还要困难。大多数的普通人会把它理解成因为有钱人都有坏心眼而去不了圣洁的天国，但是富豪们却有着另外不同的看法。他们的思考模式会是这样的：骆驼不能钻进针孔的原因其实很简单，因为它不想去尝试连丝毫可能性都没有的事情，也就说不是它们钻不进去，而是它们不愿钻进去。富豪们也一样，他们宁可不要平静而舒适的天国生活，也要选择需要展开激烈的生存斗争的地狱。与其说富豪是不去天国的人，不如说他们就是创造天国的人。这样的思想才是真正的有钱人该持有的积极态度，你说他们自我解嘲也好，认为他们特立独行也罢，但你不能否认，这样的他们都是成功的，都是操纵金钱的富翁。

“只要心态依然积极，那就把闭塞陈旧的念头都抛开。你们不妨也改变一下自己的想法，变得稍微‘吝啬’一点儿、谨慎一点儿，对金钱稍微执着一点儿。当务之急就是先把你们的思想转变成‘富翁的思想’，这才会令你们事半功倍，成为成功的大富豪。”

钱包夫人一口气把自己心里的话都说完了，如释重负地吁了一口气，把自己的后背埋进沙发里，找了个舒服的姿势休息。

很安静。

罗伯特和保罗不约而同地缄默着，他们从钱包夫人的真心忠告里感受到了和其他富豪带来的不一样的感动。这种非常实用而诚恳的告诫，是经历了无数风浪的夫人自己的感悟和总结，是现实生活和他人智慧凝练而成的结晶，无一不是肺腑之言。这位伟大的夫人，不仅是工厂里威严的老板，还是和他们朝夕相处的朋友，这样的人讲出的话，是值得他们收藏在心里的珍宝。

过了一会儿，一个有点儿怯怯的声音打破了夜晚的沉静。

“那个，夫人……”

开口的人是保罗。对于明天开始就要负责整个钱包工厂的运营，他越想越觉得没有一点儿头绪。但当他们仔细一看，才发现钱包夫人早已陷入了睡眠中，沙发中的她发出香甜而轻微的鼾声，让人不忍打扰。

她可能觉得自己的事情终于做完了，再也抵挡不住连日来的劳累，放松下来之后，很快就进入梦乡了。

“看起来夫人很累呢！”

“当然了，为了这个工厂她辛苦了50多年啊。”

“可我们明天开始应该怎么办才好？”

“不清楚呢，以前怎么做，以后还怎么做，应该就没问题了吧！”

两人出神地望着钱包夫人安详的睡姿，盘算着第二天的事。钱包夫人的样子似乎也比往常任何时候都平静许多。看着夫人那亲切的睡容，罗伯特和保罗也觉得心情平静了下来，相视一笑。

“对了，罗伯特，我非常好奇呢！”

“好奇什么？”

“今天早上你参赛的六个作品中，其中五个我知道你从哪里获得的灵感，可是剩下的那个，我是无论如何也想不出来。你能告诉我灵感来自哪里吗？”

保罗说的是当时放在最中间的那个最平凡的钱包。

罗伯特露出了一个灿烂的笑容，也不作答，只是把目光望向了一个地方。此时的钱包夫人正靠在沙发上，比往常任何时刻都要安静地休息着，而罗伯特的视线就落在了夫人的身上。

保罗也顺着他的目光看了过去，他看了看钱包夫人，又看了看罗伯特，终于明白了什么，开心地笑了起来。

罗伯特和保罗已经有所了悟：钱包夫人传授给他们的知识，

在某种程度上和罗伯特的第六个钱包是一样的，看上去好像平凡无奇，但却坚强地一直陪伴在他们身边，给予了他们最强的力量。他们现在握在手里的夫人赠送的钱包，也和她传授的知识一样，闪烁着朴素而动人的智慧之光。他们还知道，自己已经拥有了“属于自己的钱包”，而且它的价值绝不会输给任何人……

好像睡梦中听到了他们的心声一般，熟睡着的钱包夫人的脸上，似乎也浮现出了一种欣慰的笑容，温暖得像每天早上那第一缕的晨光。

转换富人的思维方式

只要你的人生目标已经清晰和明确，那么从今以后，在行进的道路上就不会总是充满迷茫和疲惫了，代替它们的将是热情与希望。

先把你的思想转变成“富翁的思想”，才会令你事半功倍，成为一名成功的大富豪。

富豪们不想去天国，绝对不是他们不能去。他们宁可舍弃平静而舒适的天国生活，也要选择需要展开激烈的生存斗争的地狱。

要用“富翁的思想”来思考问题，最重要的就是先放弃自己一直用的“惯有的思想”来看待和判断问题。

打造你的魔法钱包

记住这些话：

第一，要勤劳。只要是能带来钱的地方，就算离得再远也要跑过去。

懒鬼富翁是不存在的。那些富人企业家们，都是非常敬业和负责的。

第二，富豪们的钱包始终是很薄的。他们不会携带大量的现金。

只要带着钱，我们就难免会花掉它，因此我们出门的时候应该尽量不带钱或少带钱。有很多亿万富翁，甚至连一张信用卡都没有。

第三，能发大财的人绝对不相信没有亲眼看过的东西。你们也可以这么理解：没有一个富翁会喜欢在网络上购物。

第四，确保固定收入是能否成为富豪的关键。

无论多么出色的个人投资者，有固定的收入和没有固定收入的差别是很大的，尤其是在资产管理的稳定性方面。不论你的额外收入有多少，想要成为富翁，还是应该确保拥有固定的生活费来源。

第五，富豪们总是希望可以多和其他的富豪会面。在这个过程中，他们可以共同分享能够带来财富的信息，并为了对方也能积攒更多的金钱而提供帮助，如此互惠互利、互相学习。

因此，应该努力去结交一些有钱的朋友，结交那些真正在社会上找出自己的道路并拥有与众不同的财富理论和实践的富翁，和他们接触多了一定大有裨益。

第六，把自己的思想转变成“富翁的思想”，也就是转变成和大多数人不一样的富翁们的思维模式。

就算是看待同样一件事物，富翁们看到的、感受到的和用大脑判断出来的结果都和普通人不一样，这就是富翁与众不同的思想。

恭喜你，已经打造完专属于你的魔法钱包了，现在要做的，就是填满它，并且一直守护你的钱包！

魔法钱包要对你说……

钱不会自己长腿去找你，所以你一定要主动去找钱。不要等着好事会从天而降，只有先付出努力，才能具备成功的基本资格。

只要你有了明确的生活目标，每天都带着对未来的美好憧憬去工作，不论是怎样的工作环境，周围的氛围都会因为你而变得格外活力洋溢。

随着时间的流动，我们要往好的方向成长和改变。

当我们逐渐开始创造属于自己的人生和财富时，我们就会始终充满自信。

长辈的肺腑之言一定有他的道理，要仔细听取他们的意见。

这些富人能带给我们的不光是让钱包变鼓的道理，更多的是他们对待金钱的特别的思考方式。

该施舍出去、该与他人分享、该做好事的时候，一定不要忘记给予，这样财富和幸福才能成倍地回到你的身边，这是一个宇宙中永恒的真理。

很多富人都明白这个真理，因此很多富人都乐善好施。

与其说富豪是不去天国的人，不如说他们就是创造天国的人。这样的思想才是真正的有钱人应该持有的积极态度。

读者理财分享

只有拥有了属于自己的理财方法，才会真正拥有自己的幸福。

——读者

理财，从什么时候开始都不算晚，也不算早。

翻到这本《为什么你的钱包总是空的》时，我忍不住也打开了我的钱包，果然和书中说的一样！

钱包上的污痕与明显没有保养的样子暂且不提，打开钱包后，里面就像是一个垃圾堆一样。

杂乱的纸币，中间偶尔塞几个硬币，弄得钱包凹凸不平的，没有几张钱是真正按大小排列的，就算是最不起眼的零钱，也都揉得有点儿变形。

就在那一刻，我体会到了书中描述的，对钱没有真正“爱过”的状态。

不过，现在再打开我的钱包，可以看到的是一张张整齐排列的、没有折角的钱。

这样的钱包仿佛也在对我微笑着，而且，每次打开，我都能感觉到金钱自身的一种美感，一种吸引力，甚至是对它的一种自信感。

（这在以前可是完全不敢想的，而且如果以前说金钱很美，也会恶心到自己，可是现在我的观念改变了。）

这只是最起码的“爱钱”的第一步，我已经能感觉到效果了。对钱的爱惜使我不再对钱那么粗暴，那么不在乎，或者说，以前我对钱的粗暴和假装不在乎，只是一种对金钱没有自信的表现。我想，以后老婆给我洗裤子的时候再也不会洗出揉成一团的钱了。

试试看吧，希望现在看到这段文字的你，也可以马上打开你的钱包看看现在的状况，然后每天整理你的钱包，清楚知道你现在有多少钱（听起来很好笑，但以前我是真的不知道自己身上精确的钱数，我想大多数人也是如此吧）。我保证，这个方法会使你的钱越来越多。

（韩国，Nami）

老实说，我一直都是个对钱没有太多概念的人，一直以来，都是赚多少用多少，剩多少存多少，到最后也不知道钱真正的去向。就觉得钱嘛，省省还能花，日子还能过。

当然啦，凭借自己的力量买车买房，那完全是痴人说梦的事情。

可是，看到这本书时，我才惊觉自己的错误。

事实上，我就是个对钱逃避的人，对钱逃避，钱自然也就努力地逃避我。

看到书中的罗伯特，跟我是那么的相似，甚至，我还记得在我工作的第一年，曾经雄心勃勃地许下诺言：要存钱带父母出国度假！

随着时间一天天过去，我对钱的态度也越来越消极，每天就等着发工资的日子，好去购买那些并不真正需要的东西。

不要说带父母出国度假，能不向他们借钱就高呼万岁了。

这样为人子女，连我自己都很羞愧，可是渐渐地也就麻木了。

不过，这本书就是我的一个契机，我也做了一个目标图出来，贴在我的办公室电脑边，写的是“带上爸妈去云南度假，总计费用为多少元，现存款多少元”。

这个小纸条也贴在我的钱包里，和书中的钱包法则一起。

成功指日可待，我相信。

（爬爬鱼，24岁）

在看这本书之前，一直认为只有“有财”才能“理财”，对于我这种“月光族”来说，理财根本就是一件遥不可及的事情，没钱怎么理财?

毕业后选择来到大城市打拼，机会多了，生活压力也大了，自己每个月工资结余不多，理财对我来说简直就是天方夜谭。

翻到这本书，激发了我一直以来隐藏很深的理财心愿。这本书让我明白，理财的核心并不只是单纯的“开源节流”。

以前总是认为，自己虽然收入有限，但只要好好把握支出，对日常开销坚持记账，利用月复一月的储蓄，让钱袋尽快充实起来并不是一件难事。

可是，显然我这还是“普通人”的思考方式，要用到书中的那几个财富秘诀，我也得尽快换个富人头脑才行。

（申威，26岁）

这本书跟别的书最大的不同，不是让你想方设法地去抠门，而且直接说出了抠门的人也会穷这个道理。

其实，与其说理财是一项技能，不如说它是一个时尚的金钱游戏。俗话说性格决定命运，这句话用在个人理财方面同样恰当。

不同性格的人会选择不同的理财方法，得到不同的理财结果。要怎样做，才能在理财过程中扬长避短呢？这就需要我们在理财之前，对自己的理财性格有一个全面、系统和详细的了解。

钱包夫人的每一句话都在告诉我们，理财是个系统的、持久的过程，凭直觉和一时的兴趣理财都是不行的。

在理财之前，一定要全面、详细地了解适合自己的理财手法和途径。只有知己知彼，才能在理财实践中成功。

如果你的钱包还是瘪瘪的，就让钱包夫人帮你把钱包鼓起来吧，只要你明白了理财的真正意义，就会拥有理财的认真态度。

（宇尔，31岁）

永远不要做金钱的奴隶。

对于钱，我始终保持着一种认知——钱虽不是万能的，但没有钱是万万不能的。

在现实生活中，每个人都会出现财务周转的问题，这些问题往往会让我们陷入十分被动的局面，换句话说就是“那一刻，我变成了金钱的奴隶”。由此可见，一个人如果没有财务保障，又何谈财务自由呢?

（卢奇，34岁）

俗话说“穷人储蓄，富人理财”。《为什么你的钱包总是空的》无疑为我们这些没有受过系统训练的普通人指出了一整套“穷人理财”的好方法。

书中那六条钱包法则很实用，其中最使我受益的，是第三条和第四条法则。我们之所以会出现资金周转不灵的情况，很大一部分原因在于花钱的时候太盲目，并且不知道应该如何追踪钱的去向，而其根源，则在于对金钱不尊重的坏习惯。

试想一下，你不喜欢钱，钱怎么会喜欢你呢？还是应该学习怎么去跟自己的钱包打交道啊！

（丸豆，26岁）

这本书，让我印证了心里的一个想法：理财是自己和自己玩的一场现金流游戏，这个游戏太长，贯穿我们的一生，可以失败重来，也可骄傲自满后输得一无所有。

富人有富人的玩法，工薪族有工薪族的追求，重要的是，谁都有追求梦想的权利。请相信，最普通的人生，也可以与富有结缘。

（米库，29岁）

两年前，我大学刚刚毕业，从事新闻传媒行业，在一次酒会中，遇到了当时在韩国财力非常雄厚的崔西女士。当时我看着眼前这位浑身洋溢着才情与光芒的成功女人，崇拜与羡慕之情溢于言表的同时，自卑感也浮上心头。

我鼓起勇气，拿着酒杯，怀着忐忑的心情向崔女士敬酒，并小心地问：“崔女士，您好！请您告诉我，您刚踏入工作岗位的时候，就是这样一帆风顺吗？”

崔女士莞尔一笑，对我的幼稚提问没有流露出丝毫不悦的神情，她说：“我刚工作的时候，那还是十几年前呢，那时候我怎么可能像现在这样好呢？”

她继续说道：“我看着你，觉得我自己当初远远不如你，因为当时的我是那么怯懦、胆小和彷徨。我希望自己就如今天的模样，穿着漂亮的礼服，喝着高档的红酒，过着精致的生活。可是，当时的我完全没有这种实力，更没有这样的勇气去追逐。终于有一天在一个重要的场合，我遇到一些只比自己大几岁的成功人士，他们是那么辉煌和富有，而且都是靠自己打拼出来的。从那时起我就醒悟过来，觉得自己必须改变了，我不要再过和以前一样的生活。

“从那天起，我开始打扮自己，精心装点自己的生活，而这一切，都离不开金钱的支持。于是，我开始努力赚钱，但是这个过程并不痛苦，而是一个良性循环，我发现当我确实去爱钱、去努力赚钱、去良好地管理它们的时候，得到的金钱也会越多，自己的事业就越顺利。”

她停了停，看着一脸稚气的我，说：“所以，年轻人，从现在起，不要逃避这个现实的核心问题，去面对它，就能征服它！”

听了崔女士的一席话，我似乎懂得了什么，但是，她要我不要逃避的究竟是什么呢?

后来，我的手中捧着这本《为什么你的钱包总是空的》，很多问题都迎刃而解。

首先，我要什么？我要的是精致的生活。我需要明白自己的目标。

我需要做些什么来实现它？我需要钱来让我的生活更美好。

我不要逃避的是什么？是金钱的现实。

我需要面对的是什么？还是金钱的现实。

换言之，金钱不是邪恶的东西，也不是当时自诩清高的自己可以避开的东西，为什么不能凭着自己的双手和头脑去挣来钱，并好好爱惜它们，更好地运用它们来赚钱呢?

后来的我想通了，我开始真心喜欢钱，与金钱进行正面的接触，我不再回避被别人称为拜金女或理财女的种种困扰，果然，事业上也越来越有起色，钱包也越来越丰厚。

（韩国作家，韩真瑛）

怎么样才能变得有钱呢？哈，这还真是个大问题！我怎么说也称得上是白领一族，每天在高档写字楼里忙忙碌碌的，谁知毕业了N年，连个首付钱都凑不齐，真是惭愧。

很喜欢本书的第一个“爱钱法则”，之前可以说是闻所未闻，还一直奇怪怎么那些富豪和大明星都那么省。我最讨厌谈论怎么赚钱的事情，也不喜欢特别省，怕别人议论。这么看来，我从没有正视过钱，也怪不得钱不来找我。

保罗原来的性格很像个守财奴，但他也没有把钱放在心上，让它确实成为生活的一部分。像他那样，难怪不能拥有更多的钱啊！

呵呵，想起我身边也有抠门成性的，每天节衣缩食，虽说存款比我多点儿，但是怎么看也不像会成为有钱人的样子。整天琢磨着买白菜节约5角钱，哪还有心思干大事呢？

所以嘛，要让自己的钱包鼓起来，光琢磨眼下这点儿事情是不够的。

（奶牛猫，27岁）

罗伯特和保罗在钱包夫人的带领下，与富翁们进行了面对面的交谈，了解到“钱包的法则”。这个故事让我想到早些年流行的《谁动了我的奶酪》，这本书通过两只小老鼠告诉了我们人生的真谛。

本书也是如此，通过两种理财性格跟我们很像的人，告诉我们普通人通过理财成为富人的方法。我已经开始计划自己的未来了，毕竟已不再年轻了。

(罗可，28岁)

我知道，离那些千万富翁的距离并不近，但是，如果不开始执行《为什么你的钱包总是空的》中的法则，只是看过就忘，我将离我想过的生活越来越远！

（小邓，27岁）

作为一个工作了两年的护士，刚开始工作时，还想当然地认为自己一定能攒下很多钱。因为护士的职业性质决定了我不能过朝九晚五的日子，甚至在节假日都不能和别人一样好好休息一下，也就不会有时间去“血拼”花钱，一定能攒下钱来。

可是两年过去，我还是没攒下钱来。日常的花销和必要的应酬是一笔比较固定的支出，有时一想到可以放两天假，一高兴，就和同事一起消费，感觉花钱真爽。有时想节制一下，转念又想到反正快发工资了，也觉得无所谓了。

有时也会因为自己把钱随处放，把钱丢了，等发现自己钱丢了再来想是怎么丢的，却怎么想也想不起来。

现在也没有太多需要花大钱的地方，日子还过得去，所以对理财也没什么概念。

会看这本书，主要还是这个故事吸引了我。两个没有任何成功理财经验的年轻人，在和那些来“钱包工厂”的富人们的交谈中，学习到如何以普通人的背景和身份来成为富翁。

令人感动的是，最终他们也找到了真正属于自己的“钱包法则”。

我开始对金钱有实际的紧迫感了，我不能输！股票也好基金也好房产也好，我一定不能再麻木地等下去！

（乐灵，27岁）

所有人都想有足够的钱花，但富翁毕竟还是少数。靠山山倒，靠人人跑，只有拥有了属于自己的理财方法，才会真正拥有自己的幸福。

（米歪歪，27岁）

大学宿舍里“卧谈会”讨论到想买什么时，每次都会不由自主地感慨，怎么总是有很多东西想要买却买不起？最后的结束语往往是：唉，没钱啊！什么时候能想买什么就买什么呢？

现在想起来，这为工作后我们沉溺于消费欲望埋下了一个伏笔。

赚钱怎能比得上花钱的速度？何况我们花这些钱都只是为了消费而已！

（君玲，25岁）

曾经的我们对钱的概念是很模糊的。多少钱才能算得上是够花？没有人知道答案，经常为了钱争吵，感觉精疲力尽。

不过，当他接触到这些正确理财的概念后，也开始带着我正确理财。如今，我们不但付清了房贷，还买上了第三套房。

（张若夫妇，30岁）

这本书讲了关于钱包的几条法则，这些法则很新鲜，以前很少听说。感觉很新颖。

慢慢看下去，发现自己和书中的罗伯特一样，有钱就花，等到月底就开始忏悔月初的大手大脚，总是做“月光一族”。

买东西时，也是觉得差不多就行，自己觉得能承受就行，不管它是不是物有所值，有些买回来的东西从来都没有用过。

书中几位很有成就的人根据自己的真实经历，教导罗伯特和保罗学会如何与金钱“相处”。

我也在这些“老师”的讲述中，对“钱”的认识更加清晰了。

本来钱都到处乱放的我，也精心挑选买了一个钱包，把钱规整地放了进去。

（马哈鱼，25岁）

以前我想的都是如何省钱，如何兼职……却发现自己离富翁的目标越来越远。

看完这本书后发现，对钱有足够的热情只是第一步，有目标也只是第二步，有条理的计划是第三步……同等重要的是让钱生钱，培养正确的投资习惯。

我从书中学到了很多，这是一本值得一读的理财书。

（景生，26岁）

25岁之前，做“月光公主”无所谓，女孩子挣钱就是为了买花儿戴，青春只有那么多，既然留不住，那就把它打扮得漂亮点儿吧。我是这样想的。

25岁以后，有一天早上我醒来，突然陷入某种恐慌之中——我是一个无钱无房子无男人的女人，行走在“剩女”边缘了，青春已经在走下坡路。我不知道有多少女生是像我这样，外表光鲜，钱包却空空如也，不小心还会财政赤字，需要信用卡救急。

有时候也想过要节俭，但要做到实在太难了，为了省打车费，顶着大太阳走25分钟去挤人满为患的公交车；为了省钱回家做饭吃，要花掉一两个小时才吃得上，非常劳累。

其实这些都是小问题，我觉得，节俭的终极目的不是为了省钱，而是不要浪费资源。替自己买单的，往往还是自己。

在这本书里，我读到了这样一个观念：“钱不会自己长腿去找你，所以你一定要主动去找钱。不要等着好事会从天而降，只有先付出努力才具备成功的基本条件。”

是啊，有时候人还是要活得明白点儿，管管自己的钱包。合理地花费、投资，理财比抠门地省钱要轻松得多。

如果是购物狂的话，可以参考书中的方法，每隔一段时间，写一个目标放在钱包里。比如我要存十万元然后去欧洲游学一年，现在已存到两万块了……一打开钱包就能看到目标，下次花钱时，就会三思而后行了。

总之，只要不是登上月球这种挑战人类极限的目的，其他的目标都是有可能这样一点一滴实现的。

（安丽，27岁）

看了本书以后，对于主角的命运感同身受。

本来我是自以为潇洒的“月光族”，有一天和朋友聊天，突然谈到一个问题：即使将来结婚时，房子、车子以及抚养孩子的费用老公都可以全权负责，我们也该存点儿钱，为自己准备点儿保身钱。

王文华曾经说过，不管什么东西，如果你想要，想要，很想要，想要到发疯，你最终就会得到它。

我的理解是，当我们真的很想要钱的时候，就会像作者所说的那样陷入投资的“毒性”中，在开源和节流两方面所向披靡。

（橘子，26岁）

自从工作后，我天天琢磨着怎样才能让自己的钱袋变鼓，玩命省钱、玩命赚钱，在我看来，只有这两种方法可以达到目的。

可是一个月才发一次薪水，而每天都在花钱，即使变着花样地节约，仍然觉得钱像流水似的哗哗而去。

而这本钱包书让我意识到，钱袋鼓不起来的原因不光是冲动的购物欲，从根本上来说，是因为没有全心全意爱过钱，没有去培养对钱的敏感。

看完这本书以后，我才发现自己对钱的爱并没有想象中那么强烈，我和书里人物罗伯特的最初看法是一致的，我相信很多人都是这么认为的：钱无非是一些红红绿绿的纸或者圆圆的硬币，我们看中的不是钱本身，而是钱可以给我们带来想要的东西。

至于说爱钱，不过是爱它换回来的那些我们想得到的东西。

对于钱本身这个东西，我们投入过真正的爱了吗？钱包里自己长出钱来不现实，可是我们掌握了留住钱、创造钱、让钱生钱的方法，就相当于坐在了一座金山上。

这本书并不是教会你点石成金的法术，也没有神笔马良的“画啥有啥”，但是我仍要感谢它——让我重新审视了我与金钱的关系。

（易佳，24岁）

现在网购是件很流行的事，特别是80后、90后，往电脑前一坐，手一点，眼一扫，再一点，好了，买完东西了！结果钱不知不觉就没了，买回来的东西还常常不合心意，退掉又花邮费和精力。对这种情况，我一直心里都觉得隐隐不安，果然今天看到这本书里也有提到：没有一个富翁会喜欢在网络上购物，能发大财的人绝对不相信没有亲眼看到过的东西……

我这个经常在购物网站流连的人估计一辈子也就是个小老百姓了，只能永远做着燕窝鲍鱼的梦。其实仔细想想挺对的，每个精美页面的诱惑，一幅又一幅吸引人的好看图片，甭管是吃的还是穿的，不论是一手还是二手的，瞅着便宜，我的意志就马上不坚定了。等拿到实物以后，就算不实用，我还得给自己找一个理由：便宜呗，算了，反正没几个钱！

日积月累，便宜货堆了一堆，小钱变大钱，大把白花花的银两就糟蹋在一些没用的小玩意儿上了。可恼可怒！网购的魅力太大了，把持不住自己又有什么办法呢？

但是，想做一个有钱的人，就要从这种看似平常的事开始。我已经开始克制自己不去淘宝了，虚幻的购物欲望是钱包萎缩的催化剂。你在网上购物庆幸自己省了多少钱时，有没有想到此刻你正在往外掏钱？当然，我想富翁也不可能脱离网络的，说他们从不网购应该有些夸张，但是能成瘾的不多吧，也许他们发财的原因就在这里。能够控制自己花钱的本能，确实是一件非常重要的事啊！

这本书点醒了我，平时的麻木只是为了伪装心底的害怕。之所以现在说出我的恐惧，也是希望能给更多的80后、90后一点儿帮助。

（阿潇，23岁）